I0840319

Federico Barberis

PNL IN PRATICA

Il Manuale Operativo più Completo alla Programmazione Neuro Linguistica per il Tuo Successo Personale e Professionale

SOMMARIO

UNA VITA DI SUCCESSO, MA COME?

Come si può definire la parola *successo* in maniera quanto più generale possibile?

È sicuramente un termine cui si può attribuire un'infinita gamma di significati: il suo senso varia a seconda del contesto in cui è inserito e assume accezioni diverse in base ai valori che ognuno di noi ripone al suo interno. Fai una vita di successo quando sei ricco? Quando sei in salute? O puoi definirti una persona di successo quando sei circondato da cure e affetto? Beh, difficile a dirsi, non è vero?

Credo che sia comunque possibile definire in maniera generale il concetto di successo come una situazione in cui *tu **riconosci te stesso**.* Potrà sembrare un collegamento astruso o una definizione per niente azzeccata, ma capirete con questo manuale che la grande scalata per il successo ha come base proprio questo presupposto.

E ora, prima di iniziare, cominciate a tenere a mente questo mantra: ***tutto quello di cui hai bisogno, lo troverai in te stesso.*** Che voi l'abbiate già sentito dire da Osho, dalla vostra insegnante di yoga o dal vostro psicologo non ha importanza: ricordate solo che si tratta di verità, o perlomeno, è uno dei tanti mantra che più si avvicina alla verità.

E quindi, andando con ordine, che cosa significa riconoscersi? Ma soprattutto, come ci si accorge di *non riconoscersi*? Con qualche piccolo esempio capirete di cosa stiamo parlando e di quanto sia comune ormai il senso di frustrazione, noia e apatia che accompagna, appunto, una vita *infelice*, e quindi una vita di insuccessi.

Tanto per cominciare, ci accorgiamo di non riconoscerci quando facciamo cose che ci impongono gli altri; non ci riconosciamo quando diciamo cose in cui non crediamo; non ci riconosciamo quando non facciamo il lavoro che sognavamo da bambini; non ci riconosciamo quando abbiamo un aspetto trasandato che vorremmo migliorare; non ci riconosciamo quando, per debolezza, accettiamo relazioni e situazioni dannose per la nostra vita. Bastano come esempi? E sono all'ordine del giorno, non è vero? Scommetto che siete rimasti invischiati in almeno un caso sopra citato, se non in tutti. E scommetto anche che non avete mai pensato che l'insuccesso di qualche vostro obiettivo fosse collegato proprio a questo, ovvero all'accettare passivamente di non riconoscersi. Allora credo che si possa proprio dire che la linea del successo comincia quando incontri te stesso nello specchio e dici: *ora che ci siamo finalmente riuniti, che possiamo fare per migliorare? Come si esce da questo circolo di frustrazione?* E da questa piccola scintilla, vi assicuro, nascerà un piccolo fuoco che, se alimentato costantemente, potrà tenervi al caldo per tutta la vita.

PNL in Pratica: Il Manuale Operativo più Completo alla Programmazione Neuro Linguistica per il Tuo Successo Personale e Professionale

Vi dico già che non sarà facile, altrimenti non esisterebbe tanta frustrazione nel mondo. Anzi, tante volte sarà davvero difficile trovare la voglia di incontrarsi nello specchio per fare scelte che ci stiano bene addosso; a volte sarà pericoloso, altre volte enormemente soddisfacente.

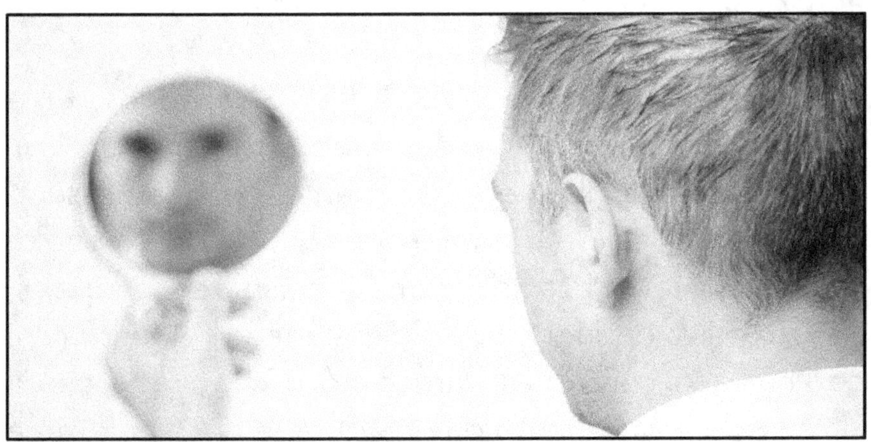

Tante volte vi sembrerà più semplice accettare una situazione che vi allontana da voi stessi pur di non tuffarvi nel mondo a cuore aperto… ma quando vedete qualcuno che *ce l'ha fatta*, non vi viene il prurito allo stomaco? Non avete voglia di dire *potrei farlo anche io?* Non vorreste capovolgere la vostra vita, buttare tutto a terra e ripartire da zero? Se la risposta è sì, vi assicuro che siete già sulla strada giusta.

Sarà meglio illustrare qualche esempio per farvi venire un po' di prurito allo stomaco. Sì, proprio sullo stomaco, dove sentite la fame, perché sempre di fame si tratta… anche se a richiedere nutrimento non sarà il corpo, ma lo spirito.

PNL in Pratica: Il Manuale Operativo più Completo alla Programmazione Neuro Linguistica per il Tuo Successo Personale e Professionale

Bene, cominciamo: che cosa vi viene in mente se vi dico Cristiano Ronaldo, Stephen King o Freddie Mercury? Sì, esatto: pensate subito a delle *persone di successo*. Ma che cos'altro hanno avuto in comune? E no, la risposta *soldi* non vale. O meglio, i soldi sono soltanto la conseguenza di quello che davvero li accomuna. Che altro? Talento? Fortuna? Vocazione? Fama? No, risposta sbagliata.

Vi dice niente la parola VOLONTA'? Sì, proprio così: è lei il vero motore del loro successo. E vale per tutti gli altri *grandi* che vi vengono in mente, non c'è nessuno escluso! La forza di volontà è la madre delle persone di successo, e talento, soldi o fama sono solo secondi a lei. Se fate parte di quel gruppo di persone che guarda chi ce l'ha fatta con il naso arricciato e che crede che il successo derivi soltanto da una grande dose di fortuna mescolata a qualche losco compromesso, vi dico senza presunzione che la vostra valutazione è del tutto infondata e controproducente per la vostra stessa vita. Quindi abbandonate subito questo pregiudizio e cercate di guardare le cose sotto un'altra prospettiva.

Nonostante la lista infinita di persone di successo che si potrebbe fare, gli esempi che ho citato- oltre a essere quanto meno attuali- rimangono molto interessanti per un altro punto di comunanza: tutti e tre i personaggi, che nella vita hanno conosciuto fama, soldi e innumerevoli successi in tre campi del tutto diversi fra loro, sono partiti da un punto che chiameremo *punto cieco*: una base in cui non solo non c'era ombra di fama nella loro vita familiare, ma nemmeno un soldo per poterla sognare.

Io credo che ci sia stato un momento preciso nella loro vita in cui, guardandosi allo specchio, si sono davvero visti **per quello che erano** e in quel preciso momento hanno deciso di darsi la possibilità di raggiungere il riflesso che avevano davanti. Nonostante la povertà, l'emarginazione, i rifiuti incessanti, l'insoddisfazione e la tristezza. Credo che il punto cieco, cioè la vita in cui erano incastrati, li abbia fatto venire un'incontrollabile voglia di trovare nuove strade libere. E l'hanno fatto: hanno guardato il riflesso nello specchio e hanno visto finalmente se stessi. Hanno detto: io voglio essere così, e non mi riconosco in questo punto cieco.

Cristiano Ronaldo ha visto nel riflesso un giovane acclamato dalla folla, e si è riconosciuto da lì in poi soltanto con un pallone tra i piedi; Stephen King sfiorava i libri sugli scaffali della biblioteca e nel riflesso vedeva un intero reparto dedicato solo a lui, al *più grande scrittore di best seller di tutti i tempi*; Freddie Mercury ha guardato nel riflesso e si è visto con un microfono in mano, davanti a una folla in delirio che apprezzava la sua stravaganza, anzi la amava, e che non era interessata a niente altro se non alla sua musica.

Hanno seguito quel riflesso fino allo stremo, e poi l'hanno raggiunto. Che gioia immensa devono aver provato ad abbracciare finalmente l'adulto che sognavano di essere da bambini? E come sono riusciti?

Con la **volontà**. Da questa cieca e affamatissima volontà è nata in loro la **disciplina**.

Si sono letteralmente *programmati* per farcela, e ce l'hanno fatta da soli. Eccome se ce l'hanno fatta.

Cosa voglio dire con questo? Voglio dire che *la mappa del tesoro* è dentro di noi. E anche l'oro è dentro di noi, ma in un posto sconosciuto e profondo. Il tesoro non si trova mai per fortuna, tantomeno nei punti ciechi in cui nasciamo: bisogna eliminare le distrazioni inutili alla ricerca e si deve cominciare a scavare con costanza. Solo quando sarete abbastanza in profondità, sporchi, stanchi e sudati, potrete avvicinarvi al vero *successo*. E fidatevi, l'oro si comincerà a far vedere.

Attenzione però: qui non si parla soltanto del *Successo Supremo*. La promessa non è quella di farvi guadagnare una valanga di soldi, anche perché la ricchezza non è l'obiettivo di tutti e quindi non si può collegare il successo soltanto a questo parametro. Qui si parlerà di

PNL in Pratica: Il Manuale Operativo più Completo alla Programmazione Neuro Linguistica per il Tuo Successo Personale e Professionale

micro-successi che andranno a costruire il grande successo finale: ottenere un nuovo lavoro sarà un micro-successo, oppure laurearsi con il massimo dei voti, perdere peso, trovare l'amore, e via dicendo. Tutti piccoli tasselli che si possono aggiungere al riflesso che volete ottenere di voi stessi.

Il punto principale su cui sarebbe bene soffermarsi prima di addentrarci nel mondo di quella che viene chiamata *Neuro Programmazione Linguistica (PNL)*, è già stato accennato qualche riga sopra: è assolutamente doveroso riuscire ad abbandonare qualsiasi pregiudizio legato al successo o al raggiungimento del benessere personale.

- Non è vero che ce la fanno soltanto "i raccomandati";
- Non è vero che servono tanti soldi per raggiungere i propri obiettivi
- Non è vero che chi ha successo ha avuto soltanto una grande fortuna;

L'errore più disfunzionale credo sia legato all'ultima convinzione, ovvero all'attribuire *a un grande successo una grande fortuna*. E se la fortuna non fosse una causa, ma una conseguenza? E se cominciassimo a costruire le basi della fortuna, piuttosto che aspettarla a braccia aperte? Faticoso, vero? Sì, lo è, ma *il successo richiede sempre fatica*. Questo non va mai dimenticato. Il più grande errore che si può fare, prima di intraprendere qualsiasi percorso, è proprio quello di sottovalutare gli ostacoli. Comunque, aldilà di questo, credo che prima di valutare insieme tutte le tecniche suggerite dalla PNL per riuscire a raggiungere i vostri micro-successi in vista del successo finale, sarebbe utile chiarire la sorgente da cui deriva la fortuna, così da togliervi qualsiasi convinzione residua.

Nel prossimo capitolo parleremo di quella che viene comunemente riconosciuta come *LEGGE DI ATTRAZIONE*, che può riassumersi in poche parole: *tu attiri quello che sei*. E se sei il primo a non riconoscerti, come puoi sperare di venir riconosciuto dal mondo? La fortuna, se nemmeno tu sai chi sei, non ti troverà mai.

Fai pratica!

Prendi un piccolo quaderno e, dopo aver letto ogni capitolo, preparati a svolgere qualche piccolo lavoro introspettivo. Come prima cosa, comincia a riflettere sugli obiettivi che vorresti raggiungere alla fine della lettura del manuale e segnateli.

Ricorda che devono seguire un solo principio base: devono **permetterti di riconoscerti in quello che fai**. Poi, con ordine, valuta obiettivo per obiettivo: traccia uno schema della sua realizzabilità! Incontrerai ostacoli? Quali? Di quali elementi hai bisogno per raggiungerlo e come puoi prepararti a disporre di quello che ti serve? Una volta preparati gli schemi, lasciali riposare e continua a leggere!

LA LEGGE DI ATTRAZIONE E IL POTERE DELLA MENTE

Vi è mai capitato di dire o di sentire la frase: "piove sempre sul bagnato?". E se sì, vi siete mai chiesti cosa si intende *davvero* con questa comunissima battuta, spesso detta con un pizzico di invidia? Proviamo a spiegarlo. Immaginando letteralmente questa frase, possiamo vedere con facilità una pioggerella persistente che picchietta una pozzanghera, giusto? Si può dire anche che la pioggia, soggetta alla caduta come vuole la fisica, vada incontro con naturalezza a qualcosa che le somiglia, ovvero una pozza d'acqua, come se ne fosse attratta. E fino a qui *non ci piove*.

Scherzi a parte, proviamo a traslare questa semplice immagine in qualcosa di più astratto: sostituiamo alla pioggia la *buona sorte* e al posto della pozzanghera mettiamo una persona che guarda in alto: che cosa otteniamo? Con questa sostituzione, avremo la *buona sorte* che cadrà con naturalezza verso qualcosa che le assomiglia, ovvero una persona che la cerca con forza. E se abbiamo già detto che *tu attiri quello che sei*, possiamo anche aggiungere che *attiri anche quello in cui credi*. Perché la differenza tra essere, credere e fare è davvero sottile: se credi fermamente che il furto sia un grave crimine, sicuramente non ti troveremo mai a rubare in un supermercato, giusto?

Spingendoci ora ancora un po' più in là, quando abbiamo una persona che crede fermamente in qualcosa e questo qualcosa le arriva, ci troviamo di fronte alla situazione tipica che è stata definita nella fantomatica *Legge di Attrazione,* di cui abbiamo appena accennato nel capitolo precedente.

La Legge di Attrazione, definita da Rhonda Byrne nel best seller *The Secret,* si basa su una formula molto semplice (e forse, *troppo* semplice): **credi-chiedi-ottieni**. Quindi una persona si focalizza completamente su qualcosa, la cerca insistentemente, e infine la ottiene. Partiamo subito con il dire che *non è mai così facile*, altrimenti parleremmo di magia: credo che manchi una parte fondamentale nel principio base di questa legge, ovvero l'elogio e la spinta all'azione vera e propria.

È importantissimo sottolineare che nella ricerca insistente di quella cosa in cui si crede serve una quantità enorme di azione e movimento, altrimenti tutta l'energia mentale che impieghiamo per focalizzarci rimarrebbe inespressa.

Come diceva Einstein, "la vita e la bicicletta hanno lo stesso principio: devi continuare a muoverti per mantenere l'equilibrio". E come si potrebbe mai contraddire uno dei più grandi geni della fisica? Quindi facciamo un po' di ordine e analizziamo il principio della legge punto per punto, aggiungendo il dovuto spazio anche all'azione. Punto primo:

- **Credi**

Il primo passo per riuscire ad attirare verso di sé ciò che desideriamo è, banalmente, desiderarlo.

Potrà sembrare superfluo sottolinearlo, ma è importantissimo riuscire a definire con esattezza *cosa* vogliamo e **perché** lo vogliamo. In altre parole, il desiderio deve allinearsi con le nostre attitudini, le nostre vocazioni o semplicemente con la parte *più vera* di noi. Ricordate il discorso sul riconoscimento di sé stessi, vero? Ecco, quindi desiderare di diventare un famosissimo calciatore a quarant'anni non vale come desiderio, non stiamo strofinando la lampada di Aladino. Non vale nemmeno desiderare fortemente qualcosa di materiale: bisogna concentrarsi sui **desideri interni**, nascosti e profondi, gli stessi che ci portano verso il famoso oro che risiede in ognuno di noi.

Cosa desiderare, dunque? In cosa credere? Innanzitutto, in sé stessi: che cosa vi piace fare? Come vi vedete da qui a cinque anni? Su che cosa fantasticavate da bambini e come sognavate che fosse il mondo, quando ancora non lo conoscevate con gli occhi di un adulto?

E ora, tra tutte le risposte che sono salite in superficie, scegliete la più *realizzabile*: a quarant'anni sarà un po' tardi per diventare un calciatore famoso, ma non troppo tardi per fare l'allenatore. E allora perché non provare a investire in questo desiderio, se credi fermamente che sarebbe la realizzazione di un progetto di vita sereno e di successo **per te**? Cominciando a focalizzare i propri

13

pensieri su una sola linea, e pensandoci con convinzione ogni giorno, la ruota della fortuna comincerà a muoversi. Cigolerà, farà fatica, sarà impregnata di ragnatele, ma l'importante è che si muova, anche impercettibilmente.

Punto secondo:

- **Chiedi**

Dopo che avete definito con esattezza il vostro obiettivo realizzabile, certi che vi porterà verso un'oasi di tranquillità e beatitudine, potrete cominciare ad attuare **piani per realizzarlo**.

Cercate qualsiasi cosa che abbia a che fare con il vostro desiderio, circondatevi di persone che vi comprendano e, per l'amor del cielo, **non abbiate paura**! Stiamo parlando della vostra **vita**, dei vostri **sogni** e della vostra **felicità**!

Avete il dovere di salvaguardarvi. Nessuno avrà, da questo momento di ricerca in poi, il diritto di dirvi che *non potete fare qualcosa*. Sappiate che stanno cercando soltanto di sviarvi: è difficile che qualcuno sia veramente felice per voi senza provare invidia per quello che fate, quindi non azzardatevi ad ascoltare le critiche di questo tipo:

- ma non credi di essere un po' troppo grande per fare questo?

-ma non sarebbe il momento di mettere su famiglia e di pensare alle cose serie?

-ma non credi sarebbe meglio comprare una casa e sistemarti, piuttosto che investire in queste idiozie?

E le critiche che sentirete potrebbero essere anche peggiori di queste, ma voi non fateci caso: rimanete focalizzati. Andate avanti. Muovetevi e credete in voi stessi diamine, è questo il **fulcro** di tutta la vostra vita! Basta aspettare che qualcuno vi salvi e basta credere che *forse, prima o poi*, o pensare che le cose vi siano dovute per principio!

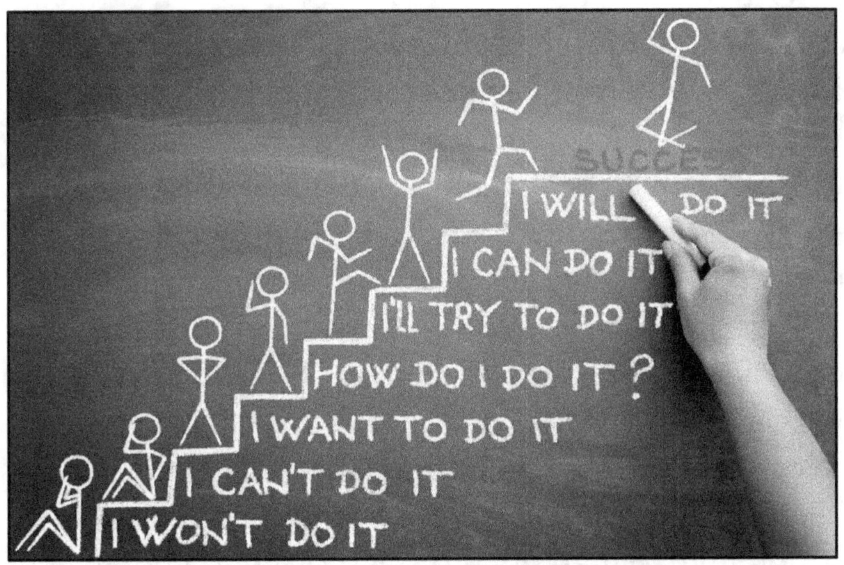

Fate corsi, investite su voi stessi, entrate in contatto con la realtà che vorrete per il vostro futuro, prendete spunto da chi ce l'ha fatta, *programmatevi* per riuscire a ottenere davvero quello che volete.

Solo così, con l'azione e la convinzione continuamente alimentate, riuscirete a farcela. Se **chiedi senza fare**, sarai soltanto ridicolo e darai ragione alle mille persone che ti hanno detto di seguire una linea già tracciata da altri: per smentire tutti devi agire, e devi agire con **costanza**.

Punta il martello e picchia sulle pareti fino a che sarà necessario: prima o poi, quello che cerchi si farà trovare proprio dall'altra parte del muro.

- ## Ottieni

A cosa servirà tutto il santo lavoro che avete svolto con disciplina e volontà? Servirà a ottenere il vostro meritato e agognato *micro successo*. Ce l'avete fatta, avete raggiunto quello che speravate. E adesso? Non vorrete fermarvi proprio adesso, vero? Avete aggiunto soltanto un piccolo mattone alla casa di beatitudine che state costruendo con le vostre mani. Ora bisogna che riprendiate il ciclo da capo, con un obiettivo più grande. Ricordatevi che Roma non è stata costruita in un giorno, e proprio per questo è tutt'oggi una delle città più belle e antiche del mondo. Troppe frasi fatte? Beh, forse sì, ma non immaginate quanto siano profondamente vere alcune di queste, se analizzate dalla giusta prospettiva!

La Legge di Attrazione così analizzata assume un senso pratico del tutto vincente, ma scaviamo ancora un po' più a fondo. Quando, nel campo scientifico, qualcosa viene definito come *legge?* Quando è un principio inconfutabile, che non è stato ancora smentito e su cui sono stati fatti esperimenti che provano la sua validità incontrovertibile. La legge di gravitazione universale ne è un esempio.

È giusto, quindi, attribuire ai principi d'attrazione appena citati l'accezione di *legge*? Beh, io credo che abbiamo ancora molto da scoprire sulla mente umana e sul funzionamento del cervello, come credo che del *vero* funzionamento del mondo e dell'universo- e parlo di finalità e intenzione- ancora non sappiamo granchè e, forse, non lo scopriremo fino a che non passeremo a miglior vita. E che male c'è, allora, a credere fermamente che questa Legge di Attrazione esista e funzioni?

È così diversa da tutte le altre leggi, quando ancora erano allo stadio di semplici ipotesi?

La cosa assolutamente certa e su cui bisogna essere privi di dubbi è che la mente umana ha dei **poteri d'azione eccezionali**, e questi poteri possono essere appresi, **forgiati** e **potenziati**. Dovete credere nelle vostre possibilità umane e mentali: solo così riuscirete a rendere ciò che credevate impossibile in possibile. Ma quali sono i metodi migliori per accrescere il potere della mente?

La Programmazione Neuro Linguistica (PNL) effettua ricerche proprio per trovare tecniche che aiutino la realizzazione personale e il potenziamento delle facoltà mentali.

Credo sia arrivato proprio il momento di parlare meglio degli studi della PNL, e lo faremo nel capitolo seguente.

Fai pratica!

Ricordate lo schema degli obiettivi? Ora vi sarà chiesto di scegliere l'obiettivo più immediatamente realizzabile oppure, se sono tutti obiettivi a lungo termine, concentratevi sul più forte e focalizzatevi sugli elementi che vi servono per raggiungerlo.

Gli elementi sono chiari? Benissimo, ora non vi resta che applicare le vostre energie positive!

Ricordate che attirerete l'energia che emetterete nel mondo… Quindi vietato dire *non ce la faccio!*

Per ogni elemento che vi manca, pensate con forza e convinzione che potete benissimo aggiungerlo alla vostra vita. *Tu lo puoi fare*. Create lo spazio e il tempo per farlo. *Sei nato per farlo.* Guardatevi intorno e scegliete ciò che vi assomiglia: volete scrivere un romanzo? Frequentate un corso di scrittura creativa!

Entrate nel campo del vostro obiettivo come se lo abbiate già raggiunto. Dedicateli amore. E non dimenticate di segnare tutto quello che state facendo: i successi, quando vengono raggiunti, vanno sempre ricordati e celebrati!

PROGRAMMAZIONE NEURO LINGUISTICA

Ammettiamo pure che il termine con cui vengono raggruppate le teorie che andremo a esaminare potrebbe spaventare: *programmazione-neuro-linguistica*. Sì, sembra proprio complicato, ma cercheremo di analizzare questa branca di studi con quanta più immediatezza e trasparenza possibile.

Credo sia doveroso cominciare proprio dalla spiegazione stessa del nome, che si compone di tre parole:

- **Programmazione**

Programmare significa, nel senso più generale possibile, creare degli *schemi* in grado di facilitare e di rendere al meglio lo svolgimento di alcune funzioni. Si programma l'agenda per sfruttare il tempo in modo utile, come si programma una vacanza per poterne trarre massimi benefici.

In questo contesto, si intende la possibilità di creare degli **schemi mentali** funzionali e positivi, volti al raggiungimento di un determinato **obiettivo**.

- **Neuro**

Come detto, gli schemi di cui stiamo parlando sono *mentali*, e hanno quindi a che fare con il funzionamento del cervello. Il cervello è la stazione di partenza di ogni nostra impercettibile azione, ed è da lì che si origina qualsiasi nostro comportamento, volontario e non. Sarebbe interessante riuscire a controllare alcuni nostri comportamenti disfunzionali che non fanno altro che ostacolarci, non credete?

In questi studi, infatti, si sottolinea la possibilità di poter creare dei veri e propri schemi volti all'abolizione dei **comportamenti inefficienti** a favore di **azioni utili** e favorevoli alla nostra crescita personale.

- ### Linguistica

Il linguaggio è un prodotto della nostra evoluzione e della nostra cultura. Questo significa che la mela esisteva ancora prima che qualcuno la chiamasse con questo termine. La parola, quindi, potrebbe essere definita come uno **strumento arbitrario** utile a comprendere la realtà e a condividerla con gli altri: in fondo le parole non sono altro che immagini delimitate, non ci avete mai pensato?

È uno strumento a dir poco magico: io sto scrivendo *mela* e voi che leggete riuscite a vederla nitidamente nella vostra mente!

Per sintetizzare - approfondiremo con ordine tra qualche riga -, si può dire che la PNL dà alla parola l'enorme importanza che merita nel processo di realizzazione dell'individuo in relazione a sé stesso e agli altri.

Bene, ora che abbiamo definito che cosa si intende con l'acronimo PNL, è utile fare un breve cenno ai campi in cui questi studi vengono applicati più di frequente per poter inquadrare questa pseudo scienza nella società:

- **Psicologia comportamentale**: per lo più utilizzata nella cura delle fobie, può associarsi anche a tecniche di ipnosi;

- **Psicologia del lavoro**: un leader in grado di sfruttare le tecniche della PNL ha le potenzialità adatte per influenzare e dirigere il proprio team verso il raggiungimento del successo, attraverso la capacità di motivare e influenzare positivamente in prima istanza se stesso;

- **Marketing**: imparare a conoscere gli altri come un prodotto di una realtà diversa dalla nostra visione interiore, permette di comprendere meglio i desideri dei consumatori e favorisce la capacità di assumere tanti punti di vista diversi, con lo scopo di risolvere qualsiasi ostacolo annesso alle diverse forme di realtà e bisogno altrui. Se io so capire dettagliatamente che cosa vuole e cosa non vuole il consumatore, sarà più facile proporre quello che ho bisogno di vendere;

- **Insegnamento/Coaching**: le tecniche della PNL facilitano la realizzazione di una comunicazione vincente, in quanto sono in grado di porre chi parla e chi ascolta su un livello di rapporto positivo e armonico, favorendo l'apprendimento - che non può non basarsi sulla fiducia riposta in chi ci impartisce lezioni di qualsiasi natura;

- **Sport**: ricordate l'esempio di Ronaldo? Le tecniche della PNL sfruttate in campo sportivo favoriscono la programmazione individuale alla disciplina e alla concentrazione sull'obiettivo, caratteristiche imprescindibili di qualsiasi sport praticato a livello agonistico.

Ma le tecniche PNL funzionano anche nel *piccolo*, ovvero nel terreno dei *micro-successi*: basti pensare alla possibilità di migliorare la comunicazione nella vita di coppia, o alla capacità di riuscire a vivere bene con sé stessi.

E ora, definito al meglio un quadro generale, possiamo continuare ad addentrarci nelle profondità delle tecniche della PNL. Come avrete avuto modo di notare, il nostro discorso è nato dalla promessa di portarvi verso uno stadio di conoscenza di voi stessi indispensabile a raggiungere i vostri successi. Sarà quindi naturale cominciare dall'applicazione delle tecniche della PNL a sé stessi, per poi spingerci verso l'applicazione all'altro. I campi che toccheremo nella disamina delle tecniche della PNL partiranno dalla mente e il linguaggio, per poi spostarsi verso il comportamento e la società.

<u>Mente e linguaggio</u>

Abbiamo già accennato, nella definizione del termine Programmazione Neuro Linguistica, alla valenza significativa di quelli che vengono definiti *schemi mentali* e alla loro correlazione con le parole e il linguaggio. Ma è utile e necessario dilungarci ancora un po' sullo strettissimo rapporto che intercorre tra *mente* e *parola*.

Innanzitutto, è bene valutare subito in che modo noi esseri umani siamo in grado di apprendere: sin dalla nascita, il processo del nostro apprendimento si basa sull'*imitazione*, ovvero sull'assunzione di idee e comportamenti che vediamo assumere da altri. L'imitazione, con il processo di crescita, viene integrata alla capacità di valutare con senso critico se quello che abbiamo di fronte sia un comportamento *imitabile* o *evitabile.* E la linea che divide i comportamenti devianti da quelli considerati normali viene tracciata in base alla cultura cui si appartiene, ai **valori** e alle **convinzioni** che ci vengono trasmessi dalla famiglia e dalla nostra intima e personale inclinazione.

Spesso però, il senso critico rimane inattivo o non esercitato abbastanza, e quindi la nostra mente tenderà a riproporre i soliti schemi acquisiti durante l'infanzia, proprio perché non è stimolata a crearne di nuovi. Infatti, se non siamo in grado di *abituarci* a dei nuovi comportamenti, e quindi non programmiamo la nostra mente a seguirli con automazione, non saremo mai in grado di cambiare la nostra condizione in meglio.

Senza la capacità di abituare la nostra mente a un certo tipo di comportamento, questa continuerà a lavorare per **imitazione**, riproponendo senza fallo gli stessi schemi mentali di **sempre**.

Approfondiamo con un esempio: mettete il caso di un bambino abituato ad accompagnare il proprio padre a giocare alle *slot machines*. Ogni tanto questo bambino assiste anche a qualche vincita, e quando il padre vince porta sempre il bambino a mangiare un gelato. Questo ricordo, ovvero il gelato dopo la vincita - anche se può trattarsi di una vincita sporadica - porta il bambino a ritenere che il comportamento del padre sia **positivo** e quindi lo apprende per **imitazione**. Il bambino, divenuto adulto, avrà un **falso ricordo** così articolato: *slot machines-vincita-gelato*, e non sarà invece propenso a ricordare la possibile assenza del padre da casa, la difficoltà ad arrivare a fine mese o la precarietà della propria famiglia. Non tenderà ad associare i problemi della sua infanzia alla **ludopatia** del padre, e quindi probabilmente sarà più incline a **ripetere** quel comportamento nella propria vita adulta. Nella sua mente dirà: *mio padre giocava alle slot machines perché la situazione in casa era dura*, e non: *la situazione in casa era dura perché mio padre giocava alle slot machines*.

Questo è il classico esempio di uno schema mentale nato per imitazione - vedo, vivo, ripeto.

La PNL aiuta a rimuovere questo genere di schemi mentali, appresi per imitazione passiva, per sostituirli con **schemi mentali efficaci** e **attivi** volti al **miglioramento** della propria **vita**. Se il bambino da adulto dovesse diventare a propria volta un ludopata, sarà colpa di suo padre o della propria incapacità di creare nuovi schemi mentali? Io credo che il motivo dell'insuccesso risiederà proprio nell'**incapacità** dell'uomo adulto di creare schemi mentali positivi. Ma, precisamente, come è possibile creare nuovi schemi mentali? Ed eccoci al punto: proprio attraverso il linguaggio, che permette all'uomo di sviluppare la propria capacità di **abituarsi a nuove condizioni**. E in che modo la parola, simbolo astratto per antonomasia, può influenzare una realtà concreta?

La parola e il linguaggio sono fondamentali alla comprensione e alla condivisione della realtà, perché permettono di definire - quindi chiudere entro certi spazi - un concetto e di proporre questo concetto agli altri, propagandolo. Essendo parole e linguaggio tanto importanti, bisogna riservare loro l'attenzione che meritano.

Ebbene, alla luce di quanto detto fin'ora, non credete che la stessa realtà potrebbe assumere sembianze diverse a seconda di come viene raccontata? Non è importantissimo il modo in cui la realtà viene condivisa? E se il bambino, una volta divenuto adulto, avesse raccontato a sé stesso la storia della propria infanzia in modo diverso, sarebbe cambiato qualcosa? Sicuramente sì. Pensateci: quando non avete assistito a una discussione ma viene chiesto un vostro parere, non vi è mai capitato di sentire due versioni differenti dell'accaduto? E in cosa differivano le due versioni? Sicuramente dal modo in cui vi sono state comunicate! Perciò, siete ancora così sicuri di sapere che cosa sia la realtà? Credete ancora che la realtà sia **univoca** e siete assolutamente certi di poterla conoscere per com'è davvero? Non ne siete più così sicuri, ci scommetto. La realtà è sempre legata indissolubilmente a chi la guarda, e cambia in base alle parole che le cuciamo intorno.

Dai, vi faccio un altro esempio semplicissimo per convincervi un po' di più: *quel bicchiere è mezzo vuoto!* Dico io. E voi cosa vedete? Un bicchiere da rabboccare. Perciò prendete del vino e lo avvicinate al bicchiere. Ma arriva un altro, vi ferma e dice: *ma che fai, quel bicchiere è già mezzo pieno!*

In questo caso, quale sarebbe la realtà univoca? Non si tratta forse dello stesso bicchiere?

Possiamo dire che la realtà di quel bicchiere dipenda dalla soggettività di chi sta *parlando*? Sì, certo che si può dire. E quindi, se la realtà non è univoca e dipende dal **modo** in cui viene raccontata e da **chi** la sta raccontando, significa che **chiunque** può riuscire a cambiare la realtà, partendo dal modo che ha di raccontarla a sé stesso. Fila, no?

Risulta quindi possibile immaginare di poter cambiare lo stato di cose soltanto pensandole - *o raccontandole a noi stessi* - in modo diverso.

Una volta appresa la modalità di interpretare e comunicare la realtà, saremo in grado di assumere dei comportamenti coerenti con il mondo che vediamo intorno a noi.

Fai pratica!

Sempre sul solito squadernino, fai un piccolo riquadro e inserisci gli elementi della tua infanzia che hai sempre valutato come negativi o fortemente condizionanti. Quando sarai riuscito a elencarli, prova a chiederti se qualche insuccesso della tua vita può essere derivato da loro. **Esempio**:

Elementi negativi: i miei genitori sono separati
Insuccessi: ho avuto un matrimonio fallimentare.

Fatto? Bene, ora chiudi il quaderno e fatti raccontare gli stessi eventi che credi di ricordare da qualcuno di esterno - i tuoi genitori, i tuoi fratelli, i tuoi nonni o chiunque abbia vissuto con te l'evento in questione. Nel caso della separazione dei genitori, può essere che uno dei due genitori te la racconti come un episodio positivo nella loro crescita personale e per il loro benessere. Esamina la loro prospettiva e, se differente da quella che hai vissuto tu, chiediti: posso ridimensionare quello che mi è successo, accettarlo e finalmente sentirmi libero dalle convinzioni fuorvianti che mi porto addosso dall'infanzia? Se la risposta è sì, segna nel riquadro le convinzioni da abbandonare e vedrai che troverai qualche attinenza anche con gli obiettivi che non sei ancora riuscito a raggiungere.

Convinzione: il mio matrimonio è fallito perché non ho mai avuto un modello positivo di coppia.

PNL in Pratica: Il Manuale Operativo più Completo alla Programmazione Neuro Linguistica per il Tuo Successo Personale e Professionale

Cambio di prospettiva: il mio matrimonio è fallito perché sono sempre stato convinto di non poter portare avanti una buona relazione di coppia.

Comportamento e società

Ora che abbiamo fatto chiarezza sulla connessione tra mente e linguaggio e abbiamo posto l'attenzione sull'importanza fondamentale del modo in cui scegliamo di raccontare ciò che ci circonda, non ci resta che mettere in atto comportamenti aderenti al nostro mondo interiore. Al cambio di prospettiva, dovrà seguire un comportamento **coerente**.

Un saggio diceva che *è a fare buone azioni che si diventa buoni*, e vale lo stesso principio per qualsiasi campo: *è **quello che fai che determina chi sei***. Tutto il resto non conta nulla.

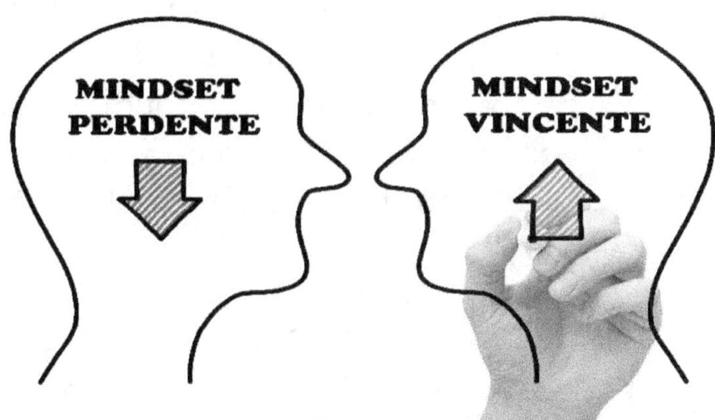

Gli schemi mentali rigidi e passivi che abbiamo deciso di abbandonare verranno ora soppiantati da nuovi schemi, ma solo attraverso l'**azione** potremo abituarci ad essi e non lasciare che vengano eliminati automaticamente. Non basta, per collegarci all'esempio fatto in precedenza, capire che non è stato il divorzio dei tuoi genitori a farti divorziare, ma bisogna che al nuovo schema: *quello che mi è capitato nell'infanzia non è dipeso da me*, ma *quello che è venuto dopo sì,* bisogna collegare comportamenti coerenti.

Come avere una relazione vincente, ora che hai capito di essere *tu* l'unico fautore di successi e insuccessi? Facendo cose mai fatte prima. Nuovo schema, **nuove azioni**. Non puoi pensare di risolvere un problema con la stessa attitudine del problema stesso! **Devi cambiare prospettive**.

Adotta nuove tecniche, prova a fare qualcosa di nuovo e valuta i risultati: sii lo sperimentatore della tua stessa vita. Non continuare a forzare la serratura con una chiave che non si adatta: cerca nuove chiavi o cambia porta! L'insuccesso è circolare: senza nuovi schemi e nuovi azioni, non farai altro che tornare al **punto di partenza**. Ma la cosa positiva è che anche il successo è circolare, basta entrare nel suo tracciato!

Fai pratica!

Hai definito nel riquadro il cambio di prospettive, giusto? Ora segnati i comportamenti che potresti sperimentare per renderle concrete e poi… Agisci! Non sarà difficile capire qual è la **strada vincente** da percorrere. E una volta che comincerai a percorrerla, troverai tantissimi indizi diretti proprio agli obiettivi che rincorri.

Ricorda: solo con l'azione la mente si **abituerà** ai nuovi schemi, quindi non puoi fermarti al primo tentativo!

Il quadro generale è ormai completo e ci siamo riscaldati abbastanza per entrare nel vivo di questo manuale: parleremo di seguito di PNL vera e propria, sempre seguendo uno schema che dalla nostra interiorità ci porterà verso il mondo esterno. Nel prossimo capitolo, infatti, tratteremo la tecnica dello *Sleight of Mouth,* proprio in relazione a mente e linguaggio.

MENTE E LINGUAGGIO
Sleight of Mouth e il potere dell'inconscio

Sleight of Mouth significa letteralmente "**gioco di parole**", e in effetti le tecniche che riguardano la Sleight of Mouth vedono le parole proprio come dei tasselli giocattolo in grado di combaciare con una serie lunghissima di altri tasselli, creando immagini e intenzioni sempre nuove e diverse.

Nel titolo di questo capitolo viene menzionato anche il cosiddetto "potere dell'inconscio". Qual è il collegamento che intercorre tra **inconscio** e **giochi di parole** e, soprattutto, che cosa si intende per inconscio? L'inconscio è, per definizione, qualcosa che *non è avvertito dalla coscienza* e che, in teoria, non si potrebbe **controllare**. Mi è sempre piaciuto immaginare l'inconscio come la profondità di un oceano e la coscienza come la sua superficie mossa dai venti.

L'inconscio, seguendo la scia di questa immagine, rimane fermo e al buio nelle sue profondità, mentre la coscienza è illuminata e ha contatti continui con l'esterno. Nonostante questo, è sorretta ed è composta dalle sue stesse inesplorate profondità.

Eppure, nonostante l'inconscio sia la **parte portante** dell'intera costruzione della nostra mente, ha bisogno di essere in qualche modo controllato: la sua **potenza** potrebbe influenzare in modo estremamente negativo la nostra coscienza, e questo succede spesso, per

PNL in Pratica: Il Manuale Operativo più Completo alla Programmazione Neuro Linguistica per il Tuo Successo Personale e Professionale

esempio, con l'insorgenza di quei disturbi che vengono etichettati come *psicosomatici*. Nel caso di questi disturbi, la potenza dell'inconscio sta cercando di mandarti dei segnali molto chiari, ma con il suo linguaggio.

Ma come si può controllare qualcosa che non si conosce? Cercando di comprendere proprio il suo linguaggio. E allora, come parla l'inconscio? Attraverso i **simboli** e le **immagini semplici**. Bisogna pensare all'inconscio come a una scatola che conosce solo immagini. Non è in grado di sintetizzare l'immagine in parola, come invece può fare la coscienza. In effetti, quanto spesso vi capita di sognare di parlare o di sentire in sogno parole dette da altri? Certo, capita, ma sicuramente molto più raramente rispetto al numero di volte in cui sogniamo solo immagini, scene in sequenza o simboli ancestrali - sognare un cinghiale ha spesso lo stesso significato di base per tutti. E perché? Perché l'inconscio è l'eredità che i primi uomini ci hanno lasciato, ed è relegato oggi a cosa di pochissimo conto... ed è davvero **controproducente** fingere che questa **scatola nera** di incommensurabile valore non esista, o non abbia alcun potere sulla coscienza e sulla vita!

Una volta compreso il modo di comunicare "primitivo" che l'inconscio dispone, lo si può cercare di controllare attraverso parole che evochino immagini semplici. Ma non solo: le parole devono essere efficaci e *positive*. Per esempio, non dire mai *"potrei farlo"*, ma abituarsi a dire *"lo faccio subito e lo faccio bene!"* per ottenere risposta dalla tua parte più segreta e profonda.

Avete già un obiettivo ben chiaro in mente, giusto? Talmente chiaro che è riuscito a scendere dentro di voi, fin quasi le profondità dell'inconscio. Avete adottato nuovi schemi mentali a livello conscio e state attuando esperimenti per **abituarvi** ai nuovi schemi con comportamenti che siano **coerenti** allo schema.

Ora è il momento di condividere il vostro obiettivo all'inconscio e di **spingerlo** sempre più **a fondo**: dovete imparare a parlare a voi stessi in modo chiaro, positivo e il più semplice possibile. Ed è in questa fase che viene in soccorso la Sleight of Mouth, ovvero **l'arte di giocare con le parole**.

I modelli linguistici della Sleight of Mouth sono in grado di *incorniciare le giuste parole da usare*, e se fino adesso tutto è stato chiaro, capirete che *focalizzarsi sulla cornice di una parola significa inquadrare la porzione di realtà che quella parola evoca, e così attrarre quella porzione di realtà su cui si è focalizzati.*

Quali sono dunque i **criteri** da seguire per selezionare un **modello linguistico** che sappia **comunicare** con il nostro **inconscio**, con l'obiettivo di spingere il nostro desiderio verso le **profondità** della nostra **mente**?

PNL in Pratica: Il Manuale Operativo più Completo alla Programmazione Neuro Linguistica per il Tuo Successo Personale e Professionale

- Frasi incoraggianti

E non intendo soltanto frasi gioiose, magari irrealistiche, seguite da un punto esclamativo. In ciò che si intende per incoraggianti abbiamo, prima di tutto, la capacità di creare frasi che vadano dritte al punto, senza creare dubbi o ambiguità. Esempio: *"l'ho fatto, ma domani potrò farlo meglio"* porta a focalizzare l'attenzione su ciò che non siamo riusciti a fare oggi in relazione a quel *ma* che si collega al domani, dire invece *"l'ho fatto e domani lo farò ancora meglio"* è tutta un'altra storia, non credete? La congiunzione *e* mette su un piano più equilibrato l'attività svolta e quella ancora da svolgere. Non sembra più così male quello che abbiamo fatto oggi, vero?

Pensateci su e fate qualche esperimento linguistico. Abituatevi a **pesare** con coscienza **le congiunzioni** da usare per parlare a voi stessi e agli altri. I risultati saranno sorprendenti!

- ## Frasi corte e imperative

L'inconscio non può comprendere un articolato linguaggio verbale, non dovete mai dimenticarlo. Parlategli come parlereste a un **bambino**.
Lo faccio perché posso farlo! è una frase esemplificativa lineare, chiara e incisiva. *Lo farò*, oppure *credo di poterlo fare* suonano più deboli. I bambini non riescono a usare il pensiero astratto e hanno poca dimestichezza con la temporalità: è difficile che riescano a comprendere in pieno un progetto futuro. Per loro, è sempre *adesso*. E anche l'inconscio lavora così.
L'inconscio è anche e soprattutto **potenza**, e bisogna comunicare con lui con altrettanta **forza**. Dovete mettervi in contatto con voi stessi con estrema convinzione.

- ## Chiarezza

Focalizzate il vostro inconscio su **un obiettivo alla volta**. Utilizzate modelli linguistici efficaci per lungo periodo, integrati ai vostri schemi mentali e al vostro comportamento coerente. Non deve mancare mai la chiarezza di quello che si sta desiderando.

Poniamo il caso che desideriate scrivere un romanzo. Avete già verificato la **realizzabilità** di questo progetto, avete compreso le convinzioni errate che vi allontanavano dalla sua realizzazione, avete creato degli

schemi mentali positivi e avete cominciato ad attuare comportamenti volti a fortificare questi schemi - esempio: scrivete tutti i giorni e frequentate un corso di scrittura. Così facendo, *scrivere un romanzo* è un desiderio che sta scendendo nelle braccia del vostro **io** più **remoto** e **profondo**. Ed è qui che dovete cominciare a parlare a voi stessi. Adottate un modello linguistico chiaro e indirizzato soltanto al vostro obiettivo finale. *Continua a scrivere, sei capace di scrivere, sai benissimo ciò di cui vuoi scrivere, quello che stai scrivendo piacerà agli altri, hai un forte messaggio da condividere* e via dicendo, fino a che non riuscirete a realizzare ciò che state raccontando a voi stessi. Parlatene come se l'**aveste già fatto**, ma fatelo con costanza. Siate potenti con voi stessi, e otterrete potenza. Animate la vostra profondità, ora che ci siete finalmente **così vicini**.

I modelli della Sleight of Mouth, oltre a quanto appena descritto, consigliano di lavorare anche con l'**immaginazione** per potenziare la forza di quanto state comunicando a voi stessi. Si tratta di produrre frasi che abbiano come *cornice* il *come-se*. *Scrivi come se scrivere fosse già il tuo lavoro* è, per esempio, la cornice in cui andrete a immaginare tutta una serie di realtà future, con emozioni positive annesse, riguardo il vostro desiderio.

Con l'utilizzo del *come se*, porrete il focus sulla realtà che state decidendo di incorniciare e riuscirete ad

attrarla. Infondete al vostro inconscio una buona **dose di immagini** per motivarlo ulteriormente a starvi a sentire: immaginate, per esempio, di essere già pagati per scrivere, di avere delle scadenze da rispettare e un pubblico che ha voglia di leggere quanto prima ciò che volete raccontare. Cristiano Ronaldo già a dieci anni giocava *come se*, Stephen King da bambino produceva racconti in serie già *come se* e Freddie Mercury cantava nei pub ad un gruppo di ubriachi *come se*.

Ed è il **miraggio** che hanno alimentato in loro stessi con frasi e immagini potenti, che li ha portati **alla vetta**. Hanno comunicato bene con la loro parte inconscia e profonda, e l'hanno domata.

Inoltra, la **cornice** del *come se* genera in noi una straordinaria elasticità nei confronti delle convinzioni positive: se possiamo immaginare tutto, possiamo

PNL in Pratica: Il Manuale Operativo più Completo alla Programmazione Neuro Linguistica per il Tuo Successo Personale e Professionale

convincerci di tutto e portare a termine qualsiasi obiettivo.

Dunque, potendo riassumere quanto appreso finora, potremo dire che:

• Bisogna trovare una strada che sappia metterci in **rapporto con noi stessi** e che ci permetta di **farci riconoscere** man mano che la percorriamo;

• Bisogna creare una serie di **schemi mentali** da attuare con **comportamenti coerenti** allo schema;

• Bisogna imparare a **comunicare** con la nostra parte **inconscia** soltanto con **chiarezza**, **positività** e con la **creazione di immagini** che abbiano come tema il raggiungimento del nostro successo, così da **potenziare** la funzionalità dello **schema**.

Non credete che, alla luce di questo riassunto, manchi una parte fondamentale da approfondire? Quale, mi chiedete? Beh, non abbiamo ancora parlato di come funziona la nostra mente quando non è ancora **avvezza** a schemi mentali positivi e non è abituata a comportamenti coerenti ed efficaci! Come siamo sempre stati **abituati** a pensare? E come siamo sempre stati abituati ad agire? Sarà più che mai utile, a questo punto, rispondere a queste domande con il fine di motivarvi, una volta per tutte, a smettere di seguire le regole disfunzionali che avete sempre reputato giuste. Parleremo, nel capitolo che seguirà, di *mappe interiori, convinzioni e comportamenti limitanti*. Ma prima…

Fai pratica!

Lavora sui **modelli linguistici** adiacenti all'obiettivo che hai scelto di perseguire per primo. Scrivi le frasi che hai intenzione di comunicare a te stesso seguendo i criteri riportati sopra. E poi, quando le avrai segnate tutte, comincia a **usarle**. Pensaci frequentemente e con **forza**. Convinciti di quello che dici a te stesso, sappi che *è tutto dannatamente vero*. Pensaci al mattino appena sveglio e poco prima di dormire; assumile come mantra di vita e come preghiere. Crea nel tuo immaginario personale tutte le scene della tua vita *come se* il sogno fosse già realizzato.

La tua fede primaria, d'ora in avanti, a prescindere da ciò in cui credi al di là di te stesso, sarà proprio *credere in te stesso* prima di qualsiasi altra cosa. Se credi che qualche Dio ti abbia creato, o se credi che non esista alcun Dio, non ha importanza: impara a prestare fede al fatto che *sei necessario al mondo*, e che sei nato per uno scopo preciso. E lo **scopo** è proprio quello che hai **segnato sul quaderno** sul quale stai scrivendo.

CONOSCERSI PER SUPERARSI

Mappe interiori, convinzioni e comportamenti limitanti

Ora che siamo pronti ed energici, addirittura entusiasti, di lanciarci nell'impresa di **rincorsa** al **successo**, verifichiamo di essere riusciti a eliminare tutto quello che ci **impediva** di intraprendere la corsa.

Facciamo un passo indietro e percorriamo passo dopo passo la situazione precedente alla **volontà di cambiamento**, ovvero la situazione che definiremo *standard*. Rientra nella situazione standard e vive nella situazione standard chi non si è mai messo in discussione, chi non ha mai provato a conquistare un obiettivo e chi non ha mai **messo in dubbio** le **convinzioni** che hanno sempre accompagnato le scelte della sua vita.

Standard è una parola di derivazione inglese che, a sua volta, prende le mosse dalla parola francese *estandant*. Letteralmente, prima che il suo significato assumesse come sinonimi *modello, norma, campione, convenzionale*, la parola significava *stendardo*, ovvero *insegna, bandiera*.

Cosa possiamo ricavare dalla conoscenza dell'origine di questa parola? Beh, partendo dal presupposto che la funzione di un'insegna o di una bandiera è quella di **esprimere un gusto**, un'opinione, uno schieramento comune o un generale senso di appartenenza di un

PNL in Pratica: Il Manuale Operativo più Completo alla Programmazione Neuro Linguistica per il Tuo Successo Personale e Professionale

certo numero di persone, sarà facile dire che le persone che si riconoscono in una bandiera tendono a **fare** le **stesse cose**, a credere nelle stesse cose e a tramandare le loro convinzioni ai posteri.

La situazione *standard,* seguendo il filo conduttore della sua origine letterale, si può dire quindi che abbia la caratteristica di chiudere un gruppo di persone in uno spazio limitato in cui è uso e dovere adottare una serie di comportamenti e abitudini *automatizzati e convenzionali,* tramandati di generazione in generazione. Di certo la situazione standard **non appartiene** più a voi lettori, altrimenti non avreste avuto nemmeno l'idea di acquistare un **libro** del genere! Però è bene comunque esaminare il cerchio dell'insuccesso, dove ha sede la situazione standard, per poter essere sicuri di star camminando sul **cerchio del successo**, appena poco più in là, dove esistono un milione di situazioni diverse fra loro in completa armonia reciproca.

Bene, l'analisi della situazione standard comincerà con la definizione di *mappa interiore.*

Per *mappa interiore* si intende quella complessa rete di schemi automatizzati, acquisiti o programmati, che accoglie la visione di ciò che ci si presenta davanti e la rielabora in relazione alla nostra soggettività. Per soggettività si intende l'insieme di **credenze**, convinzioni, gusti, opinioni, abitudini e modi di agire che **appartengono** al nostro **universo interiore**.

Dopo essere passato dalla nostra fitta mappa interna, il prodotto che verrà fuori sarà quello che noi chiamiamo **realtà**. Anche se lo abbiamo già accennato, è bene sottolineare di nuovo che la realtà è sempre e comunque da ricondurre a chi la vive e a chi la sta raccontando. E', in altre parole, un prodotto della nostra mente. Non c'è realtà univoca.

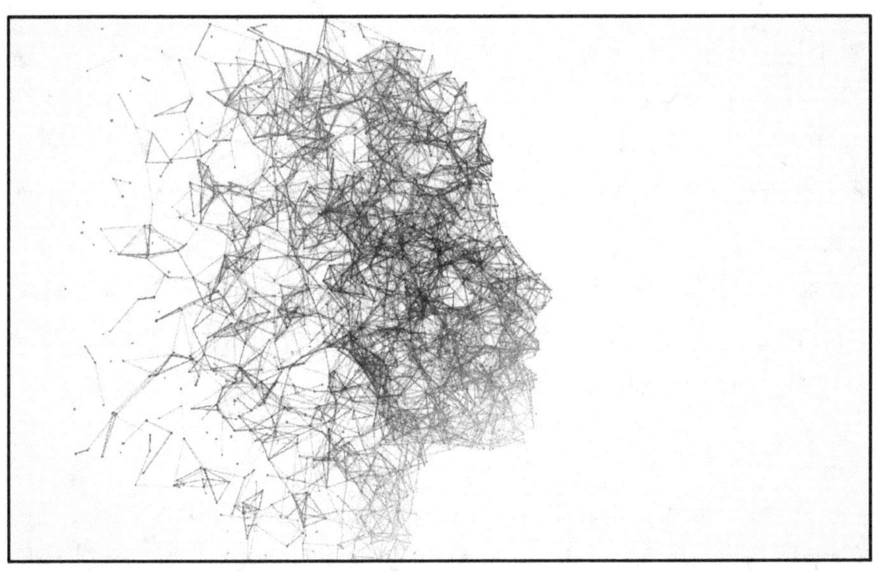

Quindi si può definire la mappa interiore come un insieme di tutto quello che abbiamo **appreso** dall'anno zero fino a oggi, **coscientemente** e **non**. Questo insieme di elementi acquisiti ha la funzione di accogliere ed **elaborare** i **contenuti** del mondo esterno in relazione a degli schemi mentali prestabiliti.

Ognuno di noi ha una mappa interiore che **filtra la realtà** e non sarà mai possibile acquisire ciò che vediamo per com'è davvero, in quanto la nostra soggettività tenderà sempre a **deformarlo**, ma la cosa positiva è che la mappa interiore può subire delle variazioni!

Siamo costretti ad accettare il fatto di non poter avere una **visione oggettiva** del mondo e quindi di non poter possedere la conoscenza della verità assoluta, ma perlomeno assicuriamoci che la nostra mappa interiore ci consegni la versione migliore della realtà che abbiamo davanti a noi!

Diventa però difficile riuscire a cogliere il lato migliore del mondo, se i filtri interiori attraverso cui il mondo è costretto a passare sono negativi, limitanti e ostacolanti, vero?

La mappa interiore si può immaginare come un **centro interno** da cui si ramificano moltissimi **filtri**. Ne possiamo citare alcuni:

- Valori

I nostri valori sono ciò che **crediamo** sia **importante**. Come abbiamo già accennato nei capitoli precedenti, la nostra visione del successo dipende dai valori che li attribuiamo, quindi sarà facile comprendere che ciò che vediamo dovrà necessariamente passare attraverso il filtro dei nostri valori, così da poter comunicare qualcosa secondo le nostre regole interne. Possono essere valori maturati nel tempo, assunti per esperienza, oppure valori che ci sono stati trasmessi e che non abbiamo mai messo in dubbio. Il valore della *famiglia*, il valore dell'*umiltà*, il valore del *coraggio*, eccetera.

Per esempio, una donna con figli che decide di separarsi dal marito sarà una realtà che assumerà diverse forme, a seconda del grado di importanza attribuito al valore *famiglia* di chi giudicherà la sua decisione.

Riflettete sui valori che compongono i filtri della vostra mappa interiore e metteteli in discussione: quanti di loro vale la pena coltivare e di quanti, al contrario, potete fare a meno? Quali sono i valori che vi faciliteranno il raggiungimento di una vita di successo? I rami della vostra mappa interiore **non devono** essere eterni: si possono potare, non succederà nulla. Sul ramo tranciato, crescerà un valore nuovo e più sano in poco tempo!

- Convinzioni

I valori che hanno molto peso nella vostra interiorità porteranno a nutrire delle convinzioni. Le convinzioni sono un altro filtro in cui passerà la visione che ognuno di noi ha della realtà. Esse non si originano soltanto dall'assunzione di un valore (ad esempio: *sono convinto che il divorzio sia inammissibile perché do valore alla religione e alla famiglia*), ma possono nascere in voi anche in relazione - e ne abbiamo già parlato - a episodi vissuti durante l'infanzia o, più in generale, dopo delle esperienze particolarmente segnanti. *Sono convinto di non poter imparare a nuotare perché da bambino stavo per annegare.* Questa convinzione, sarà superfluo specificare, si può considerare più che mai *limitante*: ha originato una paura che non ha legami con la realtà delle cose, ma è soltanto una delle forme peggiori di realtà prodotta da voi stessi. E lo è perché il filtro in cui la realtà è passata è limitante. Anche le convinzioni, come nel caso dei valori, possono subire modificazioni e potature. Dopo che avete passato in rassegna i **valori** che riempiono la vostra interiorità, passate alla disamina delle **convinzioni**: quante di loro riescono a consegnarvi la **versione migliore** della realtà? Per esempio, la convinzione di *saper fare una cosa* vi darà una realtà positiva, mentre una convinzione opposta non potrà mai darvi la realtà che sognate.

- Comportamenti limitanti

Dopo che la realtà è passata attraverso la nostra fitta rete di filtri e si è presentata a noi nella **versione deformata** dalla nostra interiorità, noi attueremo dei comportamenti in relazione alla realtà che la nostra mappa interiore ha sintetizzato.

Attenzione: noi stiamo esaminando il processo molto lentamente, ma il **tempo** che il nostro cervello impiega a ricevere, valutare e filtrare la realtà è veramente **brevissimo**! Quindi, il comportamento di chi è convinto di non poter imparare a nuotare sarà evitare il contatto con l'acqua. Sarà poco limitante, se questa fobia sarà circoscritta all'acqua profonda, mentre sarà davvero grave se questa convinzione lo porterà a evitare qualsiasi tipo di contatto con l'acqua.

Abbiamo citato, nell'elenco delle professioni in cui la PNL viene esercitata, il campo della psicologia comportamentale, ovvero la branca della psicologia che si occupa di *aggiustare* i comportamenti limitanti di un individuo. Nella maggior parte dei casi, i comportamenti limitanti sono il **frutto di convinzioni** che, a loro volta, generano fobie infondate, che non hanno **attinenza** con la realtà **ragionevole** delle **cose**. Alcuni utilizzano la tecnica dell'**ipnosi** per scendere nelle parti profonde e **sradicare** le **convinzioni** che riposano nell'inconscio e che è difficile riuscire a portare in superficie in condizioni coscienti.

Credo che serva sempre il supporto e l'intervento di un professionista quando i comportamenti limitanti sono *così* gravi, ma quando si tratta di comportamenti lievemente limitanti, e che quindi vi impediscono, ad esempio, di realizzarvi come persone o di parlare in pubblico, credo sia doveroso riuscire ad attuare nuovi schemi mentali, ovvero **tagliare qualche ramo della vostra mappa interiore**, attraverso il processo di abitudine progressiva al nuovo schema attraverso comportamenti coerenti.

La cosa importante da sottolineare è che noi non siamo destinati a nulla che non desideriamo. Non credete a chi vi dice che *"mi dispiace, sono fatto così e mi sono accettato per quello che sono!"*, è una bugia.

Noi siamo la conseguenza delle nostre esperienze e della realtà che di volta in volta viene prodotta dalla nostra mappa! Certo, esiste in noi una parte biologica legata all'ereditarietà, possiamo *somigliare* a qualcuno della nostra famiglia e anche avere una personalità

47

particolare, ma la grande fetta che ha il compito di creare il nostro modo di essere deriva dalla nostra **esperienza nel mondo**. E la cosa positiva è che la nostra mente ha tutto il potere di cambiare la realtà che abbiamo davanti!

Lavorate sui vostri filtri interni che accolgono il mondo, dateli una bella pulita, tagliateli se necessario! Ma non arrendetevi alla frase *"sono fatto così, mi dispiace"*, perché è ciò che dice chi non ha il coraggio di diventare qualcuno. È la **frase tipica** di chi vive bene nella **situazione standard** e si accontenta di tenersi i propri limiti stretti al petto senza chiedersi se, superandoli, avrebbe una vita migliore.

Quando una persona decide di superarsi, deve affrontare un bel lavoro di auto analisi. Ripercorriamo le tappe:

• **Passare in rassegna i propri valori**. Sono tutti utili al raggiungimento del mio obiettivo? Mi consegneranno la versione migliore possibile della realtà?

• **Analizzare le proprie convinzioni**. Quante sono frutto dei nostri valori e quante della nostra esperienza del mondo? Che tipo di realtà mi consegnano? Quali comportamenti originano? Sono limitanti oppure sono produttive?

• **Valutare i propri comportamenti**. Sono limitanti? Mi permetteranno di raggiungere un obiettivo oppure

PNL in Pratica: Il Manuale Operativo più Completo alla Programmazione Neuro Linguistica per il Tuo Successo Personale e Professionale

saranno solo un ostacolo alla sua conquista? A quali convinzioni e valori sono legati i miei comportamenti?

L'obiettivo di questa analisi sarà *superare sé stessi*, perché la vera competizione è sempre interna, tra te e te. Tra la tua coscienza e la tua parte indomabile, inconscia. Devi diventare una somma di parti vincenti: **valori attivi**, **convinzioni produttive** e **comportamenti coerenti**. Si deve aspirare a questo per riuscire a superarsi.

Non può esserci competizione con l'altro se non sei mai riuscito a entrare in competizione con te stesso - oppure, per usare un'espressione tipica della PNL, non può esserci *rapport* con l'altro se non sei riuscito creare un saldo *rapport* con te stesso. Non potrai mai

PNL in Pratica: Il Manuale Operativo più Completo alla Programmazione Neuro Linguistica per il Tuo Successo Personale e Professionale

pretendere di riuscire a **influenzare gli altri** e di attirarli a te se non sarai in grado di influenzare **te stesso**.

Il rapport, nel linguaggio della PNL, indica il tipo di **relazione di fiducia** che si riesce a instaurare con gli altri e con sé stessi. Per quanto riguarda la nostra individualità, ne abbiamo già largamente parlato - tutti i metodi proposti nei capitoli precedenti vi serviranno per creare un **forte rapport con voi stessi**. Ora è il momento di aprire un discorso più ampio, che affronti la capacità di mettersi in contatto con il mondo in modo positivo. Abbiamo una mappa interiore forte e salda, ora, dentro di noi: non sarebbe bello riuscire a comunicare agli altri la **versione migliore** di realtà che la nostra mente è in grado di produrre?

Fai pratica!

Immagina dettagliatamente la realtà del tuo obiettivo: visualizza la situazione in cui sei riuscito a realizzare finalmente il tuo sogno. Quale forma ha la tua mappa interiore? Quali sono i filtri che la compongono? Prova a disegnarla. Aggiungi i valori, le convinzioni e i comportamenti che ne derivano. Poi, rifletti: che cosa ti manca? Su quali valori sei rimasto fossilizzato? Quali convinzioni sarebbe il caso di estirpare? Che cosa non serve al tuo desiderio?

COME INTERAGIRE IN MODO POSITIVO CON IL MONDO

Analizzeremo in questo capitolo le tecniche della PNL volte alla creazione di un **rapporto positivo con l'altro**. Che tu sia un insegnante, un leader, un allenatore, un dipendente o anche un curioso, imparerai a utilizzare delle **tecniche di comunicazione** in grado di facilitare la realizzazione degli obiettivi che prevedono un lavoro di squadra.

Al *rapport,* di cui abbiamo già accennato, si aggiungerà il *ricalco* e la *persuasione.* Cominciamo con l'instaurazione di un rapport.

Come spero ricorderete, creare un *rapport* con sé stessi, alla fine dei conti, significa *riconoscersi* in quello che si dice e in quello che si fa, creando della fiducia nelle proprie potenzialità. Si può senza alcun problema traslare questa definizione al rapporto con l'altro: sei riuscito a creare un rapport quando <u>dimostri di comprendere e riconoscere l'altro, creando in lui della fiducia nei tuoi confronti.</u>

Il rapport è alla base di ogni relazione positiva, e per relazione positiva si intende un tipo di relazione in cui entrambe le parti traggono un **vantaggio**. Il rapport con chi amiamo si instaura spesso con naturalezza: quante volte vi è capitato di dire a vostro figlio, alla vostra fidanzata o al vostro migliore amico *"capisco come ti* *senti, ci sono passato anche io"*. E nel dire queste parole, che cosa state dimostrando? Di comprendere l'altro, ma non solo! State dicendo all'altro addirittura che vi **riconoscete** in quello che vi sta **dicendo**.

Sarà molto facile allora, in questa circostanza, che l'altro si **fidi di voi** e che accetti i vostri **consigli** per stare meglio.

Diventa **più difficile**, o meno automatico, creare un rapport con una persona a noi **estranea** o appena conosciuta: entrano in campo molti fattori che potrebbero impedire l'instaurazione immediata di una relazione positiva, ma la **PNL** ha affinato delle tecniche generalmente applicabili per poter scavalcare l'ostacolo della diffidenza e, anche, della differenza. Certo, non sarà possibile creare un rapport *con tutti*, ma sicuramente con un **numero** molto **maggiore** di persone.

Innanzitutto, sottolineiamo la parte fondamentale: per riuscire a stabilire un rapport, è necessario porsi in una **condizione di attenzione** e **apertura** verso l'altro. Cosa significa? Significa che a volte sarà difficile trovare il modo di allinearci con chi abbiamo di fronte, forse perché lo vedremo troppo differente da noi.

È importante trovare la **chiave** per entrare in **sintonia**, ma per fortuna di chiavi ce ne sono moltissime. La principale è legata al **linguaggio del corpo**. Un'altra, come visto, al linguaggio **verbale**. E, con maggior pratica, anche al linguaggio **paraverbale**.

PNL in Pratica: Il Manuale Operativo più Completo alla Programmazione Neuro Linguistica per il Tuo Successo Personale e Professionale

C'è sempre un modo per entrare in contatto con l'altro e non scoraggiatevi se, a primo acchito, pensate che non sia possibile.

È a questo proposito che la PNL ci parla di *varietà indispensabile*, che significa in poche parole quello che abbiamo appena detto sopra: riuscire a disporre di più strumenti in grado di aiutarci a creare il rapport.

E più rapport si instaurano con gli altri, più saremo in grado di **instaurarne** di **nuovi** con minor impiego di fatica e attenzione.

Ricordate la legge di attrazione, la ruota della fortuna, eccetera eccetera? Ecco: quando comincerete a fare una cosa, questa cosa verrà sempre **a cercarvi di rimando**. Comunque, ricordate che quando il vostro "ventaglio" di comportamenti sarà più ampio di quello dell'altra persona, avrete sufficiente **varietà** per riuscire a controllare e dirigere la situazione.

Ma più precisamente, a cosa serve **disporre** di un **ampio ventaglio** di **comportamenti**?

Non solo a entrare in rapport con persone completamente diverse da noi, ma anche a prepararci a **cambiare approccio** nel caso in cui il nostro primo tentativo di rapport non vada in porto! Quante volte vi è capitato di non saper che strategia attuare con vostro figlio per farlo mangiare? Però, sinceramente, quante sono le strategie che vi sono venute in mente? Per esperienza vi dirò che, probabilmente, sono state soltanto un paio.

Sarebbe interessante disporre di un bel ventaglio di **strategie diverse**, da sfoderare per ogni **occasione**, vero? Perché quando poi qualcosa funziona, la sensazione che si prova è soddisfacente, quasi magica. Pensateci: quando riuscite a indirizzare vostro figlio verso qualcosa che volete che faccia, ma in un modo in cui sembra quasi che sia stato lui a scegliere di farlo, non vi sentite investiti di un potentissimo **incantesimo**? Ecco. La varietà è **indispensabile** e più sarete in grado di variare, più sarete **equipaggiati** per riuscire a **influenzare** gli altri con **ottimi risultati**.

Ma quali sono, a questo punto, i **comportamenti** che bisogna **adottare** per entrare in **rapport con l'altro**?
Una delle strategie più potenti per stabilire il rapport proviene da **Milton Erickson**. Erickson, famoso medico ipnotista, era conosciuto per la sua grande abilità di riuscire a trattare casi a dir poco difficili, abbandonati dagli altri medici, attraverso la strategia che, a posteriori, venne chiamata di **ricalco**.
La tecnica del ricalco adottata poi dalla PNL prevede l'instaurazione di un rapport attraverso una sorta di *imitazione* dell'altro. Capiamo meglio: possiamo *ricalcare* o imitare l'altra persona per stabilire un solido rapport quando assumiamo la sua stessa postura, utilizziamo il suo stesso **tono di voce**, adottiamo il suo **modo di ragionare** oppure assumiamo il suo **umore**.
In effetti, se ci pensate, non sarà produttivo rispondere a un vostro dipendente in lacrime con una fragorosa

risata, **non credete**? Minimizzando per farlo tornare al lavoro, rischiate che al lavoro questo ragazzo non ci torni mai più! È ovviamente un esempio estremo e spero lontano da qualsiasi realtà - anche se non possiamo dircene certi - eppure rende bene l'idea di cosa si intende per ricalcare.

Oppure, è risaputo che per riuscire a farsi ascoltare da un bambino sarebbe bene chinarsi per **raggiungere la sua altezza** e poterlo guardare negli occhi. Certo, i motivi sono anche logistici: dall'alto, le vostre parole potrebbero perdersi! Ma è anche una tecnica di ricalco: *ora che siamo alti uguali, non hai scuse per non ascoltarmi.*

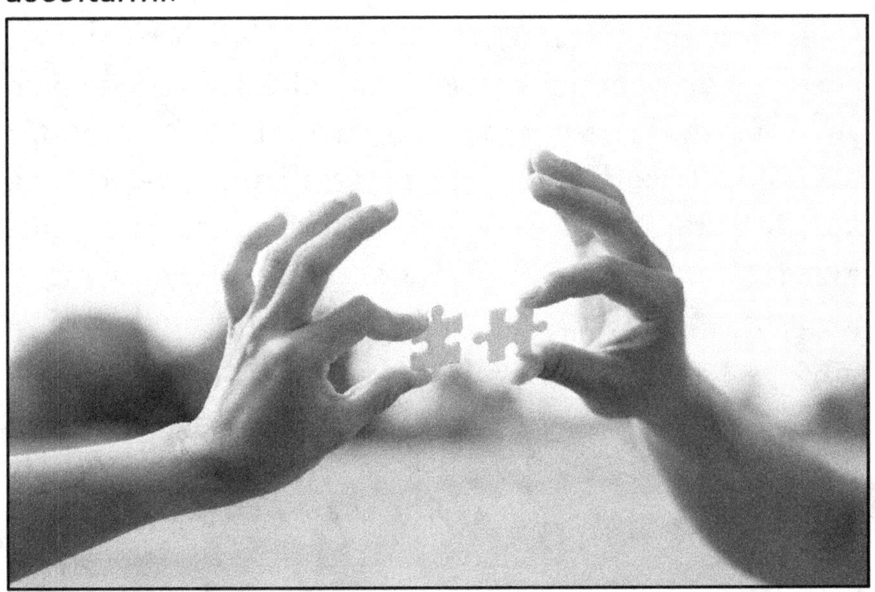

Ricalcare significa **cambiare forma**, anche fisica se necessario, per riuscire a *sintonizzarsi* con l'altro. La conseguenza del ricalco sarà che la persona che stai

55

ricalcando ti **apprezzerà**: chi non è attratto dai propri simili? Chi non cerca di fare amicizia con chi dimostra di avere i suoi stessi interessi e i suoi stessi modi di fare?

Una potente strategia per essere sicuri che l'altro si fidi di noi sarà, dunque, dimostrargli che in noi può **riconoscersi**. E se si accorgerà di **potersi riconoscere in noi**, sarà facile per lui **accettare di essere influenzato da noi**, perché si **fida** delle nostre scelte come se fossero le proprie!

Quando vi trovate di fronte a un estraneo, che sia un nuovo dipendente, un nuovo alunno o semplicemente un nuovo arrivato nella vostra compagnia, osservatelo: come si muove? Che linguaggio usa per esprimersi? Che modo ha di interagire con gli altri? Forza, sono tutte cose che da bambini sapevate fare alla perfezione! Non vi ricordate il momento in cui incontravate un nuovo amico e per colpirlo cominciavate a comportarvi come lui? Non era conformismo, cari lettori, era già *strategia*! Recuperate queste abilità e sfruttatele ora a vostro favore! Permettere che l'altro si **riconosca in voi** vi renderà capace di influenzarlo e persuaderlo a fare ciò che credete sia giusto, ma in un modo che gli apparirà naturale. E non storcete il naso: non stiamo parlando di convincere gli altri a combattere la terza guerra mondiale, stiamo soltanto cercando di persuadere l'altro a impegnarsi nello studio, a raggiungere buoni risultati in azienda, a imparare a mangiare da solo senza fare i capricci o ad acquistare un vostro prodotto. Niente di più! E sono cose che facciamo più **spesso** di quanto immaginiate, ma per la maggior parte delle volte, lo **facciamo male**.

Imparare a gestire un buon rapport e un buon ricalco, oltre ad accrescere il vostro **carisma, potenzierà** le **possibilità** per tutti. Una classe che studia vivrà un ambiente più armonico e potrà permettersi più gite; un'azienda che fattura potrebbe pagare di più i dipendenti e un prodotto valido risulterà utile per chi deciderà di acquistarlo.

Niente più di questo: ricalcare e creare un buon rapport significa generare **relazioni positive**, ovvero **relazioni** che portano **vantaggio** a **entrambe** le **parti**.

Chiarito questo punto, non ci resta che analizzare la finalità del ricalco e del rapport, ovvero la <u>**persuasione.**</u> Persuadere qualcuno significa portarlo a **scegliere qualcosa** che, direttamente o indirettamente, gli state proponendo. Paradossale, vero? Assumere le sembianze dell'altro per poterlo portare **nella vostra direzione**! Eppure è proprio così che funziona. Perché nessuno apprezza chi non fa altro che esaltare le proprie idee. Nessuno sceglierà mai di seguire le orme di un megalomane dichiarato. Per comunicare la *vostra* realtà, le vostre idee e le vostre intenzioni, dovete sapervi mettere **nei panni dell'altro**. Dovete riuscire a entrare nelle loro **idee** e nelle loro **convinzioni**. Dovete, in altre parole, comunicare la vostra idea attraverso la loro **mappa interiore**. Solo così riuscirete a farvi sentire e a farvi **apprezzare**!

Mettiamo il caso che dobbiate proporvi per un nuovo impiego. Conoscete abbastanza l'azienda per cui vi state proponendo? Avete qualche idea sul modo di lavorare del direttore? Beh, se la risposta è no, **informatevi** al più presto. Create il vostro ventaglio di comportamenti. Il vostro futuro capo ci tiene alla formalità? Scegliete di vestirvi in modo formale per il colloquio. È un uomo rigido anche nei comportamenti? Assumete la sua stessa rigidità, siate **composti**. Pretende dai suoi dipendenti energia e vitalità? Non mostrategli debolezza o segnali corporei che possano tradirvi. State diritti con la schiena, dategli una forte stretta di mano e siate propositivi: dimostrate di conoscere a fondo la sua realtà e di apprezzarla. Dimostrate di essere in **sintonia** con i suoi **obiettivi**. Con questi piccoli accorgimenti, lo state già persuadendo ad assumervi. Somigliate moltissimo all'idea che ha di un dipendente esemplare. Adottate lo stesso linguaggio che adotta lui per parlarvi, ricalcate i suoi comportamenti. Credetemi, siete assolutamente sulla strada giusta.

Non si tratta, come potrebbe sembrare, di tradire voi stessi: voi siete quello che decidete di essere. Non c'è scritto da nessuna parte che dovete essere timidi per tutta la vita, per esempio. Non è detto che non potete diventare degli ottimi oratori, o dei perfetti leader. **Voi non siete quello che credete di essere sempre stati**. Il vostro potere sarà quello di riuscire a **cambiare forma** per poter raggiungere il vostro obiettivo.

Quello che desiderate, non dimenticatelo mai, si farà trovare soltanto se voi sarete pronti ad accoglierlo. Dovete **assomigliare** al **vostro obiettivo**: solo così potrete catturarlo.

Fai pratica!

Valuta le tue **relazioni interpersonali**. Su quali di esse credi di aver creato un rapport troppo debole e in quali sarebbe utile fortificare il rapport? Quali relazioni ti serviranno per poter raggiungere il tuo obiettivo?

Comincia a lavorare sulle **relazioni deboli** utilizzando la tecnica del **ricalco** e annota i risultati. Segnati i cambiamenti: qualcuno ha cominciato a guardarti con occhi diversi? Hai creato nuove sintonie?

PNL in Pratica: Il Manuale Operativo più Completo alla Programmazione Neuro Linguistica per il Tuo Successo Personale e Professionale

SAPERSI VENDERE

Il linguaggio del corpo e il linguaggio paraverbale

Ora che abbiamo parlato di rapport e di ricalco e avete già cominciato a sperimentare qualche comportamento persuasivo, sarebbe bene fermarci per analizzare un po' più nel dettaglio che cosa si intende per *linguaggio verbale, linguaggio del corpo* e *linguaggio paraverbale*, necessari alla realizzazione e gestione di un ottimo ricalco.

Il primo assioma elaborato dalla scuola di Palo Alto, che conduceva ricerche sulla comunicazione e sul linguaggio, recita quanto segue: "**è impossibile non comunicare**". Questo significa che anche il silenzio risulta essere un messaggio.

In effetti, il **linguaggio verbale** nella comunicazione non basta: studi del settore hanno rilevato che la nostra comunicazione complessiva si compone soltanto del 7% da ciò che diciamo. Molto poco, vero? E il resto, di cosa si compone? Di **linguaggio del corpo** (55%) e di

PNL in Pratica: Il Manuale Operativo più Completo alla Programmazione Neuro Linguistica per il Tuo Successo Personale e Professionale

linguaggio paraverbale (38%). Cominciamo ad approfondire meglio che cosa si intende con:

- **Linguaggio del corpo**

Il linguaggio del corpo è un tipo di comunicazione in grado di veicolare messaggi all'altro attraverso, appunto, i gesti corporei.

- **Linguaggio paraverbale**

Il linguaggio paraverbale è quella parte di comunicazione che si esprime attraverso il tono di voce, il modo di articolare le parole e la velocità in cui parliamo.

Capiamo bene che, se il linguaggio verbale va a influire soltanto del 7% sulla comunicazione di un messaggio, sarà utile focalizzarci sul 93% restante.

Apprendere la capacità di **interpretare i messaggi corporei** è alla base di qualsiasi rapport. Per esempio, sottolineiamo che chiunque potrebbe mentire con le parole, ma sarà molto difficile che riesca a farlo anche con il corpo - a meno che non sia un bugiardo patologico o un esperto assoluto nel campo.
Cominciamo perciò ad analizzare gli elementi base che vanno a comporre il linguaggio del corpo.

Lo psicologo A. Meharabian ha individuato **quattro aree** fondamentali per poter essere in grado di passare

PNL in Pratica: Il Manuale Operativo più Completo alla Programmazione Neuro Linguistica per il Tuo Successo Personale e Professionale

in rassegna il **comportamento altrui** e quindi trarre la comprensione complessiva dell'altro:

- Occhi
- Testa
- Viso
- Postura

Per poter comprendere in pieno che cosa ci sta comunicando il nostro interlocutore e per riuscire anche a capire alcuni suoi lati caratteriali, possiamo provare ad analizzare le quattro aree suggerite dagli studi di Meharabian.

Gli **occhi**, come avrete già sentito dire, sono *lo specchio dell'anima*. È guardandosi negli occhi che si riesce a instaurare un contatto diretto con chi ci sta parlando.
Per esempio, mantenere lo sguardo è già un segnale di sicurezza in sé stessi e un valido modo di capire se chi ci sta parlando sta dicendo la verità oppure no. Solitamente, se l'altro sta inventando qualche bugia, avrà difficoltà a mantenere il vostro sguardo perché si sentirà indagato, e tenderà ad abbassare gli occhi o a indirizzarli spesso verso altre direzioni. Ma non solo: lo sguardo potrebbe abbassarsi anche perché chi vi sta parlando si sente messo in **soggezione** da voi, e questo potrebbe significare che abbiamo di fronte una persona estremamente riservata. È già qualcosa, non credete? L'altro ancora non ha cominciato a parlare e noi

possiamo già avere qualche indizio sulla sua personalità.

Inoltre, conoscendo questi segnali, **possiamo aggiustarli anche su noi stessi**: impariamo a mantenere lo sguardo e sforziamoci di farlo, se siamo timidi o riservati. Questo genererà in chi vi sta parlando della **fiducia** in voi - se non avete paura di guardarlo negli occhi, significa che siete seri, sinceri, sicuri e affidabili. E imparando a gestire lo sguardo, comincerete anche voi a sentirvi più **sicuri** di **voi stessi**.

Altri studi hanno anche rilevato la possibilità di capire dagli occhi il grado di interesse del nostro interlocutore, anche se sarà molto difficile, se non impossibile, utilizzare questo metro di misura ad una distanza formale: quando qualcosa o qualcuno ci interessa particolarmente, la nostra pupilla tenderà a dilatarsi.

Per quanto riguarda la **testa**, abbiamo anche in questo caso numerosi fattori che possono indurci a comprendere chi ci sta parlando. I gesti con il capo più comuni e universalmente riconosciuti sono quelli **assertivi** e **negativi**: chi annuisce dimostra di essere in accordo con quanto diciamo, mentre chi scuote la testa sta comunicando disappunto. Ma ci sono altri modi per comunicare agli altri il nostro grado di partecipazione al dialogo. Tenere la testa **eretta**, per esempio, denota un alto grado di **attenzione**: il vostro interlocutore è presente e molto interessato a quanto state dicendo.

PNL in Pratica: Il Manuale Operativo più Completo alla Programmazione Neuro Linguistica per il Tuo Successo Personale e Professionale

La testa inclinata in **avanti**, al contrario, tradisce **ostilità** e uno stato d'animo negativo e critico - potrebbe accompagnarsi a braccia conserte e gambe accavallate. La testa **inclinata** all'indietro, invece, indica che nel vostro interlocutore sta sorgendo una qualche volontà di **sfidarvi**: vi sta mostrando il collo, una parte vulnerabile, ed è come si vi stesse dicendo *non ho paura di te*. La testa inclinata a **destra** o a **sinistra** invece dimostra un **ascolto** attento e un sentimento **d'ammirazione** nei confronti dell'interlocutore; nel linguaggio corporeo femminile, inclinare la testa potrebbe essere segno di uno spiccato interesse nei vostri confronti.

Per quanto riguarda il viso, ci sono ben più di **150 muscoli** al suo interno incaricati di **esprimere** le nostre **emozioni** e direttamente collegati al **nostro stato d'animo**.

Bisogna prestare attenzione alla **mimica facciale** dell'altro, perché spesso le **contrazioni muscolari** del viso si attivano **involontariamente**.

In particolare, la **bocca** risulta essere la parte più importante - e meglio interpretabile - per **decifrare** le **espressioni** del **volto**: per esempio, le labbra serrate chiudono ed escludono. L'interlocutore con le labbra serrate è un tipo chiuso, che non ammette che qualcosa esca da lui: emozioni, sentimenti o bugie. Tutto rimane, con la bocca serrata, chiuso in lui. Quando invece una persona dimostra interesse nei vostri confronti, o si sente per qualche motivo messa a disagio da voi, tenderà a tormentarsi il labbro inferiore. Altro chiaro segno di interesse è quello di passarsi la lingua sulle labbra, o *leccarsi i baffi*: ciò che state dicendo è **allettante** ed è qualcosa che sta piacendo molto a chi vi ascolta.

La **postura**, infine, è in grado di veicolare altrettanti messaggi molto chiari.

Il modo in cui si cammina, soprattutto, tende a rivelare molto della vostra **personalità**. L'andatura può variare anche in base al nostro stato d'animo del momento: se **non ho** alcuna **voglia** di **uscire di casa** ma sono costretto a farlo, è molto probabile che camminerò con la **schiena ricurva** e le braccia a penzoloni, comunicando agli altri *svogliatezza* e *debolezza*. Ciò non vuol dire, però, che la mia postura usuale sarà sempre la stessa.

Un altro punto chiave per poter interpretare le movenze dell'altro si trova nella **direzione dei piedi**: chi cammina con le **punte** dei **piedi** rivolte all'**interno** è una persona **chiusa**, che tende a rivolgere verso l'interno anche pensieri ed emozioni. Se, al contrario, le punte dei piedi sono rivolte verso l'**esterno**, abbiamo di fronte un individuo abituato a **distrarsi**: vorrebbe proseguire su una linea dritta, ma è sempre attratto da ciò che gli capita intorno. Vorrebbe cioè presentarsi come una persona sicura e determinata, ma appare in realtà come una persona molto tendente alla distrazione.

La postura si può valutare anche in un contesto in cui il nostro interlocutore è **seduto**: come si siede? Sull'orlo della sedia con la schiena ricurva? Probabilmente non ha voglia di stare lì e non vede l'ora di andare via. La sua schiena invece si poggia allo schienale e la postura è diritta? Ogni tanto si china in avanti, come se faticasse a sentire? Il vostro interlocutore non solo ha voglia di stare lì, ma è anche molto interessato a quanto state dicendo.

PNL in Pratica: Il Manuale Operativo più Completo alla Programmazione Neuro Linguistica per il Tuo Successo Personale e Professionale

Passiamo ora a quello che viene definito come **linguaggio paraverbale**, e che va a costituire il 38% della comunicazione.

Molto spesso risulta essere di fondamentale importanza non tanto quello che diciamo, ma il **modo** in cui decidiamo di esprimerlo. Che **tono di voce** useremo? Con quale **velocità** scandiremo le parole? Gli aspetti paraverbali, ovvero le **caratteristiche che girano intorno alle parole che usiamo**, sono fondamentali perché ci permettono di dare un senso maggiore a quanto stiamo dicendo e permettono all'altro di ricevere, ancora una volta, ulteriori indizi per comprendere la nostra personalità.

Per esempio, se il nostro interlocutore utilizza un tono di voce piatto, monotono e freddo, senza alcuna inflessione, sarà sicuramente una persona apatica e imperturbabile. Oppure ci sta parlando di una cosa che non lo entusiasma in alcun modo.

Anche la **respirazione**, che va a influire sulla velocità con cui vengono scandite le parole, sarà di fondamentale importanza. Una persona **agitata** tenderà a **respirare affannosamente**, e quindi a cercare di dire tutto e subito, perché non riuscirà ad equilibrare le tre fasi della respirazione (inspirazione – pausa - espirazione).

I **messaggi** veicolati dal **corpo** sono pressoché **infiniti**, ma la cosa positiva è che sono grosso modo **simili** in tutti gli esseri umani. Addirittura, alcuni messaggi del corpo si possono anche riscontrare negli **animali**!

Pensate al vostro cane che vi fa gli occhi dolci per un boccone del vostro cibo, o alla coda che il vostro gatto muove nervosamente per manifestarvi disagio, simile alle dita che tamburellano sul tavolo per impazienza. Non solo è interessante scoprire cose dell'altro attraverso **l'osservazione dei suoi gesti**, ma risulta essere anche di fondamentale importanza per poter creare un **rapport efficace** con l'altro e attuare un **ricalco positivo**.

Siate sinceri: prestate mai attenzione, quando dovete dire qualcosa, al modo in cui vi ponete con il corpo e al tono di voce che usate? No? Beh, dovreste. Sarà difficile all'inizio coordinare ciò che avete appreso e metterlo in pratica, ma vi assicuro che con un po' di abitudine tutto diventerà parte di voi.

Fai pratica!

Esercitati a **controllare** il tuo **corpo** e a **modulare** la tua **voce** in base al **contesto**. Cerca di ricordare i segnali che il tuo corpo è in grado di mandare e mettili in pratica: abituati a camminare con la, stringi forte la mano del tuo interlocutore, **schiena dritta** tieni la testa eretta e mantieni lo sguardo quando qualcuno ti sta parlando. Sperimenta le tue conoscenze su te stesso e poi **osserva i comportamenti degli altri**: rimarrai sorpreso dal numero di cose che riuscirai ad apprendere.

SAPER VENDERE

PNL, pubblicita' e Marketing

Dedichiamo ora il capitolo che precede la conclusione a un argomento molto interessante. Parleremo della capacità di **vendere** e **pubblicizzare** utilizzando le **tecniche** della **PNL**.

Fino ad ora abbiamo analizzato tutti gli aspetti della vita quotidiana in cui gli studi di programmazione neuro linguistica possono essere applicati, ma per dare un quadro ancora più completo è necessario focalizzarci sul campo in cui la PNL va per la maggiore: il **marketing**. Prima di tutto, come ormai sarete abituati, partiamo con il chiederci: che cosa si intende per marketing? Letteralmente la parola *marketing* significa: *"il complesso delle attività che consentono la migliore commercializzazione dei beni e dei servizi, <u>attraverso un'approfondita conoscenza delle esigenze e dei gusti del pubblico"</u>*.

Capite a cosa serve la PNL nel marketing? Fino ad ora abbiamo imparato a creare un rapport con noi stessi e siamo riusciti a comprendere che la realtà è sempre soggettiva; abbiamo anche compreso che, per creare un rapport con l'altro, dobbiamo prima di tutto guardare le cose attraverso le sue **mappe interiori**. Nel marketing accade esattamente lo stesso: ci sono persone incaricate di **analizzare** le mappe interiori dei papabili **consumatori** e di costruire una **strategia** che assomigli alla loro realtà.

Il prodotto, così proposto, andrà a influenzare chi è sottoposto alla sua visione, perché il messaggio che comunica assomiglierà ai **valori** e alle **convinzioni** del consumatore. Ma come si può arrivare a questo? Con le strategie e con la regola della varietà indispensabile.

Vi faccio un piccolo esempio che, apparentemente, potrebbe sembrare sconclusionato - ma capirete tra poco dove vogliamo andare a parare: quando affrontate una discussione, non vi capita mai di prepararvi le cose da dire? E come lo fate, se lo fate? Immaginando, man mano che la discussione si articola nella vostra mente, che cosa potrebbe dire l'altro, giusto? Quindi, in qualche modo, vi mettete **nei panni dell'altro** per poter accrescere le vostre possibilità di far valere la vostra idea. Create in voi un ventaglio di **risposte adatte** a rispondere al vostro interlocutore, qualora servisse. Cioè, cercate di armarvi della cosiddetta **varietà indispensabile.**

Una cosa simile accade nei tribunali: l'avvocato dovrebbe essere pronto a rispondere a qualsiasi accusa, e come può? Preparandosi un discorso che riesca a coprire qualsiasi possibile domanda. Lo stesso Socrate, nei lontanissimi tempi della Grecia antica, aveva elaborato un simile schema per dialogare con l'altro e per "aiutarlo" a trovare in sé stesso la verità.

E perché, secondo Socrate, la verità sarebbe nascosta dentro ognuno di noi? Perché, come ormai spero sia più che chiaro, ognuno di noi ha in sé una **realtà soggettiva** e, perciò, la verità non può essere cercata al di fuori di sé stessi.

Ecco, nel marketing vale proprio lo stesso discorso: utilizzando i **filtri** e le **mappe dell'altro**, noi lo portiamo a scegliere la **direzione** che desideriamo. Non possiamo imporre una verità esterna: dobbiamo fare sì che la verità sembri sorgere in lui **spontaneamente**, da dentro. Se ci pensate, siamo costantemente **influenzati** dalla pubblicità, e questo è uno dei principali motivi: chi ci somministra la visione di un prodotto sa com'è articolata la nostra mappa interiore e **costruisce** il **messaggio** di conseguenza.

In effetti, pensateci ancora meglio: a che cosa servono gli **slogan**? A dare una conferma. L'ideatore del messaggio, con lo slogan, vi sta dicendo: *sì, hai capito bene. Queste immagini significano proprio quello che hai sentito dentro.*

PNL in Pratica: Il Manuale Operativo più Completo alla Programmazione Neuro Linguistica per il Tuo Successo Personale e Professionale

E il consumatore è come se si sentisse padrone di quell'idea, perché l'ha trovata in sé stesso durante la visione delle immagini a lui somministrate prima ancora che comparisse lo slogan. Di conseguenza, è probabile che riconoscendosi nell'idea alla base del prodotto, procederà all'acquisto perché *il simile attrae il simile*. Sono sempre le stesse regole a far girare il mondo, lo avete capito, vero?

Bene. Nel mondo del marketing esistono delle **leggi generali**, cioè adattabili a qualsiasi tipo di vendita, e assomigliano molto ai principi della **PNL** che abbiamo analizzato finora. Citiamone alcune:

- Capacità di **leadership**
- Capacità di **influenzare** la mente del **consumatore**
- Capacità di **focalizzazione**

Ovviamente, se dovessimo analizzare il marketing veramente nel dettaglio, le leggi si moltiplicherebbero, ma queste sono quelle che più si riferiscono alle tecniche della PNL.

Sarete d'accordo con me che si tratta di termini a dir poco familiari, vero? Questo perché la **vendita** è sempre basata sull'**interazione umana** e sull'**influenzabilità** della mente: si diventa ottimi venditori quando si riesce a mutare strategia in base alle persone che abbiamo di fronte. In altre parole, siamo ottimi venditori quando non ci dimentichiamo della **varietà umana** che ci circonda e della necessità di creare un **rapport efficace**.

È molto più semplice quando abbiamo il consumatore in carne ed ossa davanti a noi, ma è fattibile creare anche a distanza delle campagne di vendita basate sulla **varietà**. Infatti, nelle pubblicità, accade spesso quanto segue:

- **Definizione** del **target** del mio pubblico di riferimento;
- Ricerca di **gusti**, **valori** e **interessi** del mio pubblico di riferimento;
- **Strategia** in grado di creare un **rapport** con il mio pubblico di riferimento;
- **Persuasione indiretta**;
- **Vendita**.

Questo significa riuscire a sfruttare la varietà solo su un campione di pubblico: sarebbe impossibile riuscire a vendere qualsiasi cosa a chiunque. Bisogna definire il proprio target di riferimento per essere in grado di **veicolare** i **messaggi** e le idee che vadano in **sintonia** con le idee del **possibile consumatore**.

Sarà difficile riuscire a vendere, per esempio, un tubino nero con paillettes sia ad una ragazzina, sia ad una signora di mezza età. Dobbiamo definire innanzitutto il target, che può essere 14-25, e poi possiamo **articolare** il **messaggio** in base a quello che crediamo essere **affine** agli **interessi** di questa **fetta di pubblico**. Per esempio, i messaggi legati al tubino che vorremmo vendere potrebbero riguardare *la voglia di leggerezza, il desiderio di essere sensuale, una serata romantica* e via dicendo. Proporremo allora, per esempio, l'immagine di una ragazza sorridente che cammina con le amiche verso una festa. Nell'immagine potremmo aggiungere un gruppo di bei ragazzi in lontananza che aspetta le quattro amiche all'entrata della discoteca. Lo slogan sarà *per le tue serate migliori*, lasciando a discrezione di chi compra che cosa significa passare una bella serata.

Ecco: questo messaggio **funzionerà** solo sul **target** da noi scelto! Non andrà bene per una ragazza più piccola né per una donna più grande. Eppure, questo ci permette di scegliere, nelle infinite possibilità che il principio di varietà ci offre, il messaggio più adatto per la mappa interiore *tipo* che vogliamo sfruttare.

La PNL nel marketing va quindi a sfruttare tutte le tecniche da noi analizzate. Sintetizzando:

- **Sleight of Mouth:**

Le pubblicità sono composte da immagini semplici, quindi sono in grado di comunicare con il nostro **inconscio**. All'immagine viene poi associata una **frase** altrettanto **semplice**, ma che sia d'**impatto**, proprio come vuole la regola della **Sleight of Mouth**. Ecco servito un perfetto messaggio che arriva nelle nostre profondità senza che noi riusciamo a controllarlo.

- **Sfruttamento delle mappe interiori:**

L'indagine di mercato pone in primo piano la **soggettività** del **target** di riferimento. Nulla è dato al caso: la parte fondamentale di una strategia valida si basa sulla prospettiva soggettiva del possibile cliente. Nella pubblicità e nel rapporto di vendita si va a creare una realtà che sia il più possibile in **sintonia** con la realtà di chi vogliamo influenzare.

- **Tecnica del ricalco:**

Le pubblicità e le azioni del venditore sono sempre rese nella stessa forma del cliente: la sintonia da creare si dovrà comporre anche e soprattutto di **gesti** ed **emozioni** che il cliente riconoscerà in sé stesso, prima che nel nostro prodotto.

Infine, per quanto riguarda la vendita diretta, bisogna riuscire nel miglior modo possibile a **ricalcare** chi abbiamo di fronte e a **focalizzarci**, attraverso gli indizi che ci propone il suo **linguaggio del corpo**, sul modo migliore di proporre il nostro prodotto.

Esistono molti modi per vendere: abbiamo la vendita diretta, indiretta, per passaparola, porta a porta, eccetera. Qualsiasi modalità che sceglieremo, comunque, seguirà i principi base della creazione di un buon rapport: non si deve mai dimenticare l'**aspetto umano** quando vogliamo influenzare qualcuno.

È vietato pensare nella nostra **personale prospettiva**, a meno che chi abbiamo di fronte non abbia le nostre stesse esigenze e i nostri stessi interessi.

Dobbiamo maturare la capacità camaleontica di **cambiare** in base a chi abbiamo di fronte: soltanto con la regola della varietà indispensabile riusciremo ad **attirare** a noi il **cliente**.

Non è possibile, nella vendita diretta, creare un **discorso prestabilito**: dobbiamo seguire il flusso del momento, che andrà a variare in base alla **reazione** di chi abbiamo di fronte. Se il cliente oppone resistenza significa che abbiamo **sbagliato** linea e dobbiamo assolutamente **recuperare**. Cerchiamo di creare un nuovo metodo di ricalco e assecondiamo la resistenza di chi abbiamo di fronte: ricordate che voi avete il prodotto migliore per lui, e dovete dimostrarlo! Preparatevi soltanto a rispondere a qualsiasi sua domanda e a mettere in luce la **poliedricità** della vostra proposta. Aggiustate il vostro linguaggio del corpo e imparate a modulare la voce, non abbiate fretta di vendere. Quando avrete trovato l'approccio **adatto**, tra gli infiniti approcci che potete adottare, sarà il cliente a voler acquistare il vostro prodotto **a tutti i costi**.

Fai pratica!

Alla luce di quanto detto, comincia a **prestare attenzione** ai messaggi pubblicitari a cui sei sottoposto durante la giornata e **analizzali**: trovi che rispettino le caratteristiche di un marketing **vincente**? Che cosa ti vuole comunicare la pubblicità a cui sei stato sottoposto? Lo slogan è **efficace**? Quale idea vogliono comunicarti? Senti di essere stato **influenzato**? Ti senti attratto da quello che vedi? Oppure, nel caso in cui tu voglia avviare un business, butta giù uno **schema pubblicitario**: a chi ti vorresti rivolgere? Di quali elementi potrebbe essere composta la mappa interiore del tuo cliente? Quali sono i messaggi che potrebbero entrare in sintonia con la sua mappa? E quali immagini sarebbe utile proporre?

PNL in Pratica: Il Manuale Operativo più Completo alla Programmazione Neuro Linguistica per il Tuo Successo Personale e Professionale

CONCLUSIONE

Cenni storici e riscontro nel mondo scientifico

La Programmazione Neuro Linguistica è un "**approccio** alla **comunicazione**, allo **sviluppo personale** e alla psicoterapia" ideato in California intorno agli anni '70 da Richard Bandler e John Grinder.

Ai suoi esordi, questo metodo di *comunicazione interpersonale volto al raggiungimento di una vita migliore* fu promosso dai suoi fondatori come una forma di *terapia psicologica*, collegando infatti le tecniche della PNL alla cura delle **fobie**, delle **manie**, della depressione, dei **disturbi psicosomatici** e al miglioramento delle tecniche di insegnamento-apprendimento.

La Programmazione Neuro Linguistica, nonostante l'abbondante materiale saggistico di cui disponiamo dai suoi inizi a oggi, non è annoverata tra le scienze propriamente dette, e si riserva un posto tra ciò che viene definito come *pseudo scienza*.

Il motivo principale di questa esclusione consiste nella mancanza di **evidenze empiriche** che possano verificare gli assunti presenti nelle sue teorie.

Nonostante questo, attualmente la PNL viene utilizzata in diverse forme di psicoterapia, legandola soprattutto alle tecniche di **ipnosi**, **life coaching**, **marketing** e formazione aziendale. Parrebbe, dunque, che la PNL possa essere definita come un insieme di ricerche molto funzionali sul piano pratico e ancora **imperfette** sul **piano teorico**. Non può trovare un posto fra le scienze perché vanno a mancare delle teorie supportate da **esperimenti** e dati empirici verificabili che permettano la **dimostrazione** della sua **incontrovertibilità**, eppure le sue tecniche hanno avuto largo utilizzo e tutt'oggi vengono impiegate nei campi sopra citati.

In fondo, gli stessi fondatori ammettevano di non aver avuto interesse a scavare nella **teoria** dei loro assunti, ma si accontentavano di vedere le loro teorie **funzionare** sul **piano pratico**. E, in effetti, sul piano pratico le teorie della PNL **funzionano alla grande**.

Come in tutti i campi delle pseudo scienze e per lo stesso discorso che vale per le cure omeopatiche, è sempre consigliato associare una **cura** prettamente

medica nei casi in cui il problema che si deve risolvere è di grande portata.

La depressione o le fobie debilitanti, per esempio, sono delle vere e proprie **patologie** che vanno trattate con tutti i mezzi possibili che attualmente abbiamo a disposizione: se anche la PNL **potrebbe bastare** per la loro cura, è sempre bene allacciare anche una terapia medica. Questo non significa svalutare i riscontri pratici della PNL, ma soltanto rispettare anche l'enorme progresso scientifico che ci accompagna da anni nella scoperta e nella cura delle malattie.

La PNL, e avrete avuto sicuramente modo di riscontrarlo in prima persona con la lettura e gli esercizi proposti da questo manuale, sicuramente va a migliorare di molto la nostra **qualità della vita**, e quando la mente è in equilibrio, nella maggior parte dei casi lo è anche il corpo. Questo comunque non basta a sostituire tutte quelle **tecniche scientifiche** maturate nel corso di decenni e portate alla luce con impegno e dedizione dalla scienza.

La PNL è da considerarsi come una **novità**, data la sua nascita recente, e va trattata come un grandioso mezzo per raggiungere il proprio **benessere** e la propria personale **felicità**, ma non come unico mezzo.

Ci sono tanti manuali di PNL che vi promettono successo immediato, benessere e salute, ma vi assicuro che la *vera* PNL non prometteva immediatezza, né incantesimi: il **fulcro** della Programmazione Neuro Linguistica è riposto nell'**amore** della **condizione umana**, nella forte convinzione che l'uomo sia capace di usare la propria mente in modi inimmaginabili, e nella speranza che le persone si accorgano di essere delle creature potenzialmente perfette, o perfezionabili.

È questo l'aspetto importante su cui rimanere focalizzati: la PNL spinge l'uomo a **credere** in **sé stesso** e fa luce su degli aspetti della mente umana che sono ancora oggetto di studio delle neuroscienze, che in questi ultimi anni sta facendo enormi progressi per quanto riguarda lo studio delle diverse aree cerebrali.

Può essere che tra qualche decina di anni, le tecniche della PNL riusciranno ad entrare di **merito** nel campo delle **scienze**, ma per ora non azzardiamo a tanto: accontentiamoci - come se fosse poco! - di sapere che la PNL **messa in pratica** riuscirà a rendere le nostre **vite migliori** sotto ogni **aspetto**. Ricordate sempre di **credere** in voi stessi, e di **maturare** la **versione migliore** che potete ottenere dalla **realtà**!

DISCLAIMER

NOTE

www.ingramcontent.com/pod-product-compliance
Lightning Source LLC
Chambersburg PA
CBHW061723250726
48657CB00002B/744